U0015947

倫敦大學心理諮商博士帶你看清負面情緒的強大力量

焦慮是你的隱性天賦

尹依依——著

目錄

Chapter 1 每種情緒的強大力量

Chapter 2

解開你的情緒密碼

Chapter
3 重拾邊界感，做回眞實的自己

序言

所有的掙扎都值得被看見

從事心理諮商工作這麼多年，我常常會問自己：人生為什麼如此艱難？每一天，當我目睹病人的痛苦，當我面臨各種挑戰時，就會想，這個世界真的有所謂的幸福嗎？我們終其一生，經歷那麼多苦難，究竟有什麼意義？苦難到底教會了我們怎樣的道理？

很多人說心理諮商師是在吸收世界的全部負能量，事實恰恰相反。雖然我診治過許多遭遇坎坷和面臨困惑的個案，但是，但凡決定來接受諮商的，都是在掙扎中努力尋找出路的人，那種向上的力量特別寶貴。我們與命運之間的搏鬥和過程中所感受到的痛苦，會造就現在和未來更堅強、更豐滿的自己。痛苦中才能看見最真實的人性。只有經歷過痛苦，才會知道真正想要的是什麼。

做為一名心理諮商師，我一直相信，我的工作是陪伴個案走上尋找自我價值和生活勇氣的旅程，使他們能夠面對生活的真相，能夠有勇氣、有擔當、有樂趣地去過自己的閃亮人生。

「心理諮商有用嗎？」這是我從事心理諮商工作以來被問過最多的問題。接受心理諮商需要付出大量時間和耐心，也不能一步到位地解決任何問題，但心理學確實是在以科學和嚴謹的態度，為人們的生活提供更多的可能性。理論上，今天已經有充分的研究證據表明，心理學可以描述、解釋、預測人類行為和對人類行為產生影響。而實踐中，臨床心理學家和包括我在內的心理諮商學家，也可以透過談話治療來說明個案改變行為模式，重塑人生體驗，提高生活品質。心理學知識雖然不能解決一切問題，但是在建立自我方面，一定有用。

每一個成年人都不缺艱難的人生故事。誰不是在深夜裡痛哭過，第二天醒來還要滿血復活？誰不曾傷過、痛過、灰心喪氣過，但還是爬起來，擦擦身上的泥土，甩掉過去的沉重？人生確實很艱難，而我們總是把這些艱難隱藏起來，捂成一道道隱祕的傷口。如果能夠分享，會不會好過一點？答案是肯定的。所以，我來分享我的體會。我是尹依依，是倫敦大學學院的心理諮商博士，是有豐富經驗的心理諮商師。同時，我也是一名時刻面臨著各種挑戰的女性，和大家一樣。幸好我學了心理學，再加上不斷地實踐，我慢慢學會了如何更舒服地和自己相處，學會了看見掙扎，自己的和別人的。

糟糕的原生家庭，我有。十一歲那年，父母在漫長的爭執、暴力中結束了他們的婚姻。我從小就輾轉於東北和上海兩地，並不是在他們身邊長大的。我那時年紀雖小，但也知道，這次分離之後，我的所去所從將對自己的未來產生決定性的影響。失敗的婚姻中不存在贏家，每個人都經歷了一場創傷，更可惜的是他們連最後的體面也做不到——離婚協議是在父親對母親大打出手之後簽署的。

那時的我，做為他們的孩子，感到無地自容。那些經歷所帶來的羞愧和自卑貫穿了我整個青少年時期，直到現在也會偶爾跑出來和我較勁。與自卑和羞愧相伴的，還有「這一切都是我的錯」，因為父母一再強調，他們是為了我才忍受著婚姻的苦。

小學五年級，胖胖的我帶著外地口音，轉學到了上海，受到了老師和同學無盡的嘲笑，基本上就是一個被霸凌的典型例子。能怎麼辦呢？還是忍吧！就是從那時開始，「忍」變成了我人生最重要的教條，因為內心深信沒有人會在乎我的感受。抱著孤獨求生者的態度在人生裡起伏，覺得熬不過去了，再咬咬牙就好。

職場和工作上的困惑，我有。從英國讀完市場行銷的科系回中國後，我順利進入了一家國際廣告公司工作，每天忙到不可開交，經常熬夜加班，這種感覺，做過乙方的都知道。當時為了工作，我甚至創下了七天只睡七個小時的紀錄。但辛苦有回報，升職也算很快，在這個過程中，我還讀了個國際傳媒碩士替自己加分。在轉行之前，我擔任的是愛德曼公關公司上海區客戶總監。然而，時間越長，我就越覺得自己是戴著假面具在工作的。最好的狀態都留給了客戶，而自己內心的困惑，則直接被忽視了。慢慢地，生活習慣、健康狀況都一塌糊塗。幾經考慮，我才終於決定轉行，去英國讀心理學。這個決定幾乎用完了我在職場中積累的所有勇氣，因為在工作顛峰期放棄一切，三十出頭再去重修大學本科，在當時來說簡直太冒險了。現在回想起來，那個時候我已經開始懂得，要學會聆聽自己內心的聲音。

轉行和學業上的掙扎，我也有。決定去英國讀心理學之後，我從頭修讀了心理學本科課程，又申請了倫敦大學學院的心理諮商碩博連讀課程。看似順利，等待著我的卻是更多挑戰。我的博士第一年只能用「可怕」二字來形容。前兩篇論文選題都沒有通過，對研究項目也是一籌莫展，自信心簡直被碾得粉碎。每天都想放棄，覺得自己能力不足。熬完第一年，拿到碩士學位的時候，真覺得脫了一層皮。

但我還是熬下來了，三年之後，我成了整個年級唯一的三年博士畢業的學生（正常都是四年至五年）。現在，四十歲的我，每天在寸土寸金的倫敦市中心最著名的私人診所裡，滿懷對心理諮商職業的尊重和熱情，等待著預約者的到來。百般掙扎後，我終於完成了轉行的目標，在職業上迎來了第二個春天。

情感和婚姻上的困惑，我當然也有。我沒有完整家庭的成長範本可以參考，只能一次次在受傷中學習。缺乏對自己的了解、對健康關係的認知，所以一路上難免傷人傷己，頭破血流。雖然現在找到了可以攜手的好伴侶，但也明白兩人相處著實不易。責任和愛的較量，激情和舒適的衝突，依賴和獨立的抗衡，雙方成長速度和對未來的期許的差異等等，都可能在婚姻裡引起震盪，牽一髮而動全身。

我現在依然思考著婚姻在不同階段的意義。因為思考，所以更加確信，人生的路不是綁定了婚姻就綁定了安全帶。婚姻不是人生的必修課，甚至都算不上一道附加題，而是你人生多元化選擇中的一種生活方式。無論你正擁有婚姻，渴望婚姻，還是拒絕婚姻，都得付出相應的努力和代價，僅此而已。

為人母的困惑，我也有。讀博士的第一年，我不僅承受著巨大的壓力，而且還心懷對新生兒的歉疚。所以，做為母親，我也有著很多困惑。到底是應該努力寫論文，還是應該多陪陪孩子呢？因為母親負有養育責任，我是不是不應該追求自己的事業？我能夠都做好嗎？能平衡嗎？「母親」這個稱呼帶著全世界最多的愛，同時也帶著全世界最重的責任，就好像一頂沉重的皇冠一樣，有時候會壓得我們抬不起頭。另外，怎樣才算是一個好母親呢？我到現在也沒有標準答案。雖然掌握了許多心理學知識，可還是會因為孩子考試沒考好而糾結和內疚。但是，我也因為養育孩子而更加了解自己了。因為愛他，我也學會了更加愛自己。因為見證他的成長，我也學習了更多知識。愛和治癒，是我從母親這個角色裡得到的禮物。

你看，我並沒有主角光環。我的每一次成長都伴隨著挑戰和痛苦。曾經過低的自我認同和自我貶低差點惡化成生活的準則——對自己苛刻地秉行不接受、不贊同、不關懷、不表揚、不安撫這五大原則，而自我鞭撻則造成了焦慮。

感謝心理學，現在，我懂得挑戰既定的生活準則；現在，我會在平時就注意穩固自信心、接受自我，不會等到「災後」再去重建，因為災後重建需要從廢墟裡一塊一塊把自己找出來，然後重新拼湊，只會困難得多。我還意識到，過去長期的自我懷疑使我總在換位思考，因而給了我敏銳的同理心能力。能夠看見隱藏的痛苦並啟發他人改變，成了我現在工作中最寶貴的技能。

我的工作性質決定了我有很多機會看到月亮的暗面、光環的背面。說實話，我不曾見過一種完美的人生，卻見過很多因掙扎而動人的靈魂。我將自己和個案們的故事寫在這本書中，你將看到的不是所謂人生贏家的幸福範本——那不可能是人生的常態。起伏著、掙扎著、改變著、堅持著、喜悅著、失去著……這才是我想分享的真實的人生。怎麼去面對生命裡的這些過程，是我可以給你的「實戰」經驗。因為，我就是那個和你一起突圍的戰友。

過去固然無法改變，但當下的自我察覺和改變，是完全可行的。而改變就需要我們去反思，去探求，最重要的是學習接受真實的自己，從而找到人生的方向。學著有意識地改變行為，鼓勵自己哪怕一點點的小變化，珍惜挑戰給我們帶來的成長。也許你對心理學還有很多誤解，也許你對人生還有很多困惑，請相信我，真的沒關係。我們可以改變自己，雖然這並不容易，但我會陪伴你。

美國著名心理學家、人本主義心理學的主要代表人物之——卡爾．羅傑斯曾經說過：「我們只有徹底地接受自己的真實存在，才能夠有所變化，才能夠超越自己的現有存在樣式。那時，變化在不經意之間就會發生。」他還認為：「好的人生，是一種過程，而不是一種狀態；它是一個方向，而不是終點。」

能夠面對真實的自己，才是最珍貴的自癒能力。人生確實滿是泥濘，但那也不妨礙我們自己開出花。認識自我，珍惜當下，嚮往美好，讓我們一起啟程吧！

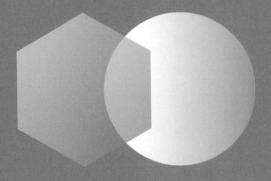

Chapter

1

每種情緒的強大力量

1 焦慮是一種被嚴重低估的能量

作家梁曉聲曾說過：「中國人不分男女老少，不分農村和城市，不分貧富，不分官民，總而言之，幾乎集體陷入了一個終於崛起後的大國的焦慮、忐忑的年代。」

其實，把焦慮做為一種情緒表達，基本上每個人在不同時期都會有，只是程度不同而已。每個人對焦慮的感受不一樣，但大體來說，是一種不確定感以及隨之而來的擔心。這種擔心，通常是建立在我們對未來結果的一種負面預測上。這種懸而不決又隱約帶著害怕的心情，會給我們帶來強烈的不舒適感，我們的第一反應就是試圖消解。

在心理學中，個人感受到的壓力和效率的關係是一個倒U形的曲線，適度的壓力（焦慮）水準能夠推動效率達到最高水準，而過高的壓力（焦慮）水準則會讓焦慮彌漫，讓人無法正常思考和感受當下。焦慮症是全球最普遍的心理問題之一，大約每十個人裡面，就會有一個人被診斷為焦慮症患者。

防禦性悲觀主義者

什麼是防禦性悲觀主義？有一段話精闢地道出了防禦性悲觀主義者的特點：「駕駛帆船出海遇到大風的時候，悲觀主義者抱怨風大，樂觀者期待風停，而防禦性悲觀主義者會調整風帆。」從某種意義上來說，防禦性悲觀主義者是明知道結果可能不盡如人意，卻依然願意彌補、改善的那種人，而不是簡單地接受失敗，或者抱怨命運。我們常說的謀事在人、成事在天，其實也是一種防禦性悲觀主義的表達方式。

美國心理學教授朱莉．諾勒姆認為，防禦性悲觀主義者會下意識地將焦慮變成一種動力，將所有對策都考慮清楚，然後堅決執行，同時採取降低內心期待值的方法來有選擇性地面對失敗。因為期待值低，任何收穫都是意外之喜；因為將問題細分和具體化，注意力集中，行動積極且主動，所以更容易成功。在焦慮的時候，防禦性悲觀主義者不會逃避，也不會拖延，他們通常會選擇直接面對困難，哪怕結果不能改變。

諾勒姆教授用她的理論進行了不同的實驗。實驗發現，相同的任務裡，當防禦性悲觀主義者將所有的困難都詳細地列出來時，他們更能夠得到理想的結果；而當樂觀主義者完全不去思考可能面對的困難時，他們則能夠將自己的最佳實力展現出來。更有意思的是，容易焦慮的人，如果同時能夠利用防禦性悲觀思想，他們往往更容易獲得自信，取得成功。

焦慮的產生，與先天的基因、後天的環境都有關係。往往在不知不覺中，我們就從一個無所畏懼的小孩子變成了一個焦慮的成年人。在轉行做心理諮商師的時候，我經常覺得自己會失敗，設想過無數種最糟糕的結果，後來就乾脆抱著「盡力試一下，反正一定會輸」的心態，一步步走到了現在。直到如今，雖然有了一些成績，我卻從來沒有覺得自己很厲害，經常還是會焦慮，擔心準備得不夠充分，焦慮專業還不夠精進，依然會抱著敬畏的心態，盡力完成每一次諮商。慢慢地，焦慮也變成了一種習慣和動力。所以說，不要害怕焦慮，焦慮也有好的一面，而且防禦性悲觀主義者的焦慮，往往是成功的必備素質。

適度的焦慮，會讓你表現得更好

曾經有位個案是話劇演員，專攻莎士比亞戲劇，戲分多且臺詞長，著實不易。舞臺上奪目生輝的他，在現實生活裡其實是一名重度焦慮症患者。哪怕一部戲已經排練過無數次，演出了十幾年，臺詞都熟記於心了，但每次上臺前他都會渾身發抖，汗出如漿，以至於將妝都弄花了。

他來找我諮商的時候，問我：「要怎樣才能不那麼緊張呢？」

我說：「可能是你不那麼在乎每一次演出的時候。當然，你也可以用深呼吸的方法來降低心跳速度，讓自己平靜下來。但是，正是因為緊張，每次彩排你才會盡全力，每次上臺都能那麼全身心投入啊，不是嗎？」

了解了這一點後，他終於能允許自己焦慮了，也知道該怎樣面對焦慮。從此，焦慮彷彿變成了動力，他甚至開始有點享受那種在舞臺上心跳加速的感覺。一點點未雨綢繆，就可以讓焦慮的我們將內心的擔憂排解而出。也正因為如此，防禦性悲觀主義是一個積極心理學的概念。

讓焦慮消失，對成年人來說，簡直是一個不可能完成的任務。無論你多麼佛系，生活總有辦法將你打趴在地。既然一定會焦慮，我們不妨多思考一下怎麼利用焦慮的力量。

預想到最壞的結果之後，依然去努力，可以減少焦慮。同樣，將細節全部思考清楚，有的放矢，也能夠帶來一定的控制感。因為不會盲目樂觀，在焦慮的時候，我們能夠用過去的失敗來提醒自己不能放鬆，同時也可以利用過往的經驗來更好地面對現在的困難。

當我們焦慮的時候，一味地告訴自己不要擔心，有時候反而會更糟糕。心理學裡有個詞彙，叫二級焦慮，就是擔心自己太焦慮而引發的更大的焦慮。而防禦性悲觀主義的傾向，可以讓我們在焦慮的時候，真實地面對自己的情緒，更主動地去思考解決問題的辦法，而不是沉溺在自己的情緒裡，被焦慮全面包圍。

在焦慮中依然能夠保持獨立思考，擁有自我察覺的能力，能夠幫助你在未來的生活中乘風破浪，是一筆難得的心理財富。哪怕眼前的困難看上去像不可跨越的巨壑，哪怕你處在巨大的焦慮中，這種能力也會讓你集中注意力，直至找到最佳的應對方法。

無須時刻佩劍生活

凡事都有兩面性。雖然防禦性悲觀可以用來做為焦慮的動力，但是如果在工作中永遠只看到可能出現的問題，在一定程度上也是會影響團隊士氣的，因為你會被當成負能量產生器，成為團隊的壓力來源。在生活裡，一直在準備補救，而不能享受當下的愉悅，也會帶來問題，你會被當成煞風景的怪人，讓親近你的人都感到不自在。

我遇見過一名女性，工作中的她抗壓能力非常強，簡直就是一個解決問題專家，不管發生什麼棘手的事情，她總是能夠沉著穩定地解決。久而久之，大家都非常依賴她，也都很敬仰她。但她跟我抱怨說：「平時都對我和氣尊敬的同事們，一旦私底下有什麼聚會或者放鬆的活動，都唯恐被我發現似的，更別說主動邀請我了。我有那麼恐怖嗎？出了問題的時候，都笑臉盈盈地第一個來找我。有好事的時候，怎麼就沒人跟我分享呢？」

我告訴她，可能大家都習慣了她是一個時刻處在「防禦性悲觀」狀態的人，所以，在一些不需要防禦性悲觀的情境下，大家就會覺得她缺乏愉悅感吧。想像一下，如果一個人在團隊工作中，永遠只看到可能出現的問題，一定程度上也會影響團隊士氣，對不對？在生活裡，總是在計畫萬一發生壞事怎麼補救，卻不能享受當下的成果，也會帶來問題。

這個例子提醒我們，如果想要在不同的情況下遊刃有餘，就要在不同的時候運用不同的情緒武器來分別處理各種問題。焦慮雖然可以是動力，但也是一種內耗，如果不是處在警備狀態，就不必時刻帶著武器。我們的情感工具庫裡，需要有更多其他的武器，來解決人生中不斷出現的新問題。

朱莉・諾勒姆教授有一套關於防禦性悲觀主義傾向的測試題，大家可以用來思考自己化解焦慮的方式。

- 在開始某項任務時，總是預想最壞結果。
- 會經常想：「事情一定會變得更糟。」
- 會嘗試從各個角度去思考可能有的最糟糕結果。
- 會擔心不能達成目標或者完成任務。

・會花很多時間擔心事情會出錯的環節。
・會想像如果任務失敗了，自己受傷和挫敗的情緒。
・會思考應對失誤的各種可能方法。
・會經常提醒自己不要鬆懈，不要太過自信。
・會花很多的時間來計畫所有環節。
・會經常擔心失誤，所以準備也會更充分。

如果你對以上問題的回答大多數是「Yes」，那你就有可能擁有將焦慮化作動力的能力，好好利用起來吧！

人生路上，如果焦慮無法避免，那麼不妨就從焦慮中尋找動力。小說家G・B・斯特恩說過：「樂觀的人發明飛機探索天空，悲觀的人發明降落傘防止墜落。」如果我們懂得怎樣看待情緒，那麼每種情緒都有力量。

2 憂鬱症：心靈感冒可治療

從事心理諮商師這份工作以來，憂鬱症是我診療過最多的心理疾病之一。最近幾年，媒體也越來越關注憂鬱症。在網路上搜尋「憂鬱症」，特別是關於憂鬱症的確診和治療規範，會得到上萬個答案。但是很可惜，關於憂鬱症的科普，真的做得還是不夠。

心理學做為一門現代社會科學，對於常見的心理疾病，包括憂鬱症、焦慮症、創傷後遺症甚至人格障礙，都有明確的診斷治療標準。而針對憂鬱症，在美國和英國，無論是公立醫院還是私立醫院，都是透過個案自測的形式來診斷，用的是大名鼎鼎的病人健康問卷（PHQ-9）。這個表也可以用來測試憂鬱指數，是心理諮商師常用的工作工具之一。

大家也可以看一下這份自測題，了解憂鬱症的症狀。

過去兩個星期內，你的生活中出現過以下哪些問題？絲毫沒有感覺到困擾，記〇分；很少困擾你，記一分；有一半時間困擾你，記兩分；幾乎每天都困擾你，記三分。

- 對一切事情失去興趣，或者沒什麼動力去完成事情。
- 情緒低落或覺得沒有希望。
- 難以入睡、總是醒來或者睡得過多。
- 感覺很累或精力不旺盛。
- 食欲不振或吃得過多。
- 自我感覺很糟糕；或者感覺自己是個失敗者，讓自己和家人都很失望。
- 難以集中精力在某件事情上，比如讀報紙或看電視。
- 有令他人察覺得到的行動（或言語）遲緩；或相反，變得特別煩躁不安、好動，明顯比平時愛到處走動。
- 有過自殺和自傷的念頭，甚至有相應的計畫。

如果總分不高於四分，說明你一切正常；如果總分介於五分至九分之間，說明你有輕度憂鬱；如果總分超過十分，可以定為中度憂鬱；如果總分超過二十分，說明你目前就處於重度憂鬱狀態。

如果檢測出來自己處於憂鬱狀態，也不用特別擔心害怕，更不要諱疾忌醫。心理學科普的目的之一就是替心理疾病去汙名化。人的情緒本來就不可能處於一個恆定的狀態，它就像我們的人生經歷一樣，總會有所起伏。憂鬱是一種在全球都很常見的心理障礙，根據世界衛生組織報告，平均每十個人中有一個人在一生中，至少罹患過一次重度憂鬱症。也就是說，有很大一部分人都經歷過這樣的情緒問題。

看不見的傷更難癒合

我曾經在公立醫院診治過一個來陪讀的中國留學生的媽媽。她來倫敦八個月了，一直食欲不振、嚴重失眠、落髮嚴重。她兒子告訴我，自從媽媽來了英國，人消瘦了很多，自己因為學業繁忙，只陪媽媽去看過幾次家庭醫生，都沒有查出什麼問題；媽媽被轉到當地的心理治療機構後，又因為語言問題，很久都沒接受治療，最後終於碰上了我。

那位個案看到診間裡有一張熟悉的中國面孔，一下子就哭了。等她安靜了一會兒，我讓她描述自己的症狀，她對我說：「我睡不著覺，半夜頭痛，喘不過氣，心裡好像一直有東西堵著，也吃不下東西，每天就是幫孩子煮飯，我自己不吃。明明沒做什麼事情，卻總是覺得累得不行，動不動就想哭。」

大家有沒有發覺，這位個案描述到現在，都是在訴說身體上的問題，情緒上的問題根本沒提？我就問她：「那妳情緒上有什麼感受嗎？」

結果她回答：「情緒上？情緒上是什麼意思？」

原來，她從來沒有把自己的情緒放在健康的天平上過。用身體上的不適來表達情緒和心理上的問題，這是中國心理問題患者特有的表現，叫作「身體形式症」。眾所周知，現代心理學起源於西方，如今雖然在中國迅速發展，但是基於中國文化的心理疾病研究還是不夠多。要用現代心理學來解讀中國的心理學疾病，總會面臨一些水土不服的情況，而身體形式症就是用身體病症來解釋「心理症狀」、帶著中國國情特色的病症表達方法。中國傳統文化裡一直以來有著「身心合一」的觀念——人們習慣將身體和心理的症狀結合在一起來表述。中醫裡的肝氣鬱結、氣血兩虛、陰虛火旺，描述的其實是憂鬱症的症狀。由此可見，在中國傳統文化裡會習慣性地用身體的症狀去解釋情緒的問題。

另一方面，東方文化推崇喜怒不形於色、泰山崩於前而色不變，所以我們習慣偷著樂、躲著哭。史丹佛大學心理學副教授珍妮・蔡是一名專門研究東亞文化的心理學專家，她曾經對比中國和美國的兒童圖書，發現中國兒童讀物的人物表情明顯更內斂，少有大笑或者大哭等張力十足的表情。在研究中她還指出：情緒相對來說是一個更加西方化的概念，而將情緒細分，並不是每一種文化與生俱來的意識。這個觀點我完全同意。相比把情緒掛在嘴邊的西方人來說，我們要弄清楚自己的內心感受是個大難題。英國的幼稚園常會掛著情緒圖譜，上面有憤怒、悲哀、愉快、害怕等情緒，孩子們從小就被教育去感受情緒。相比之下，中國的成年人很少能準確地感知自己的情緒。

身體形式症的另一個重要成因是社會對心理疾病的汙名化。情緒上面臨問題的同時，心理疾病患者還會遭遇外界的負面評價、偏見甚至歧視，這導致很多人怯於說出心聲，尋求治療更是難上加難。類似於「那個人有神經病」這種鄰里之間的竊竊私語，相信我們都不陌生。家人的不理解、他人的異樣眼光，對心理疾病患者來說，是一種無言的傷害。這種汙名化會帶來羞愧、內疚，以及對自己的憤恨和對治療的不耐心。於是，一些人會用身體上的不適來掩蓋情緒問題。身體疾病雖然痛苦，但能治療；而心理上看不見的傷，讓人更痛，也更難治療。

有個特別的研究案例，代表了中國對心理健康的重視和在這個方面取得的進步。著名的精神科專家、哈佛大學的教授凱博文長期致力於跨文化心理學的研究。他一九八〇年首次訪問中國的時候，被告知當時的中國是不存在任何心理疾病的。而到二〇二〇年，根據世界衛生組織對外公開的最新資料，中國的憂鬱症患者大約有五千四百萬（占人口的四．二％）。可見，中國現在對心理問題的了解程度和重視程度正在大幅度提高。能夠重視心理疾病，一定是診斷發展的第一步，這一步，我們走了近五十年。以後，我們一定也會堅定地走下去，努力探索更多心理問題並且尋求這些問題的答案。

那麼，憂鬱症如何治療呢？其實，很多心理疾病的治療大同小異。患者通常會根據自身症狀等情況，採用三種方式綜合處理——心理治療（尋求心理諮商師的幫助）、藥物治療，以及輔助方式治療（跑步、健身、瑜伽、社區團隊支援等）。三種方法可以同時進行，也可以根據病因、患病程度、病史等，採取不同的治療方式。

因為很多患者都比較抗拒或者畏懼服用藥物，所以我重點解釋一下藥物治療。如今，現代醫學對精神疾病藥物的研究已經很發達了，服用精神疾病藥物，一般不會產生依賴，大部分藥物的作用是強化血清素的輸送能力，並不會改變情緒的感知能力。對嚴重的心理疾病患者，我總是會強調藥物的重要性，因為服用藥物是最安全的保護患者的途徑。

其實，心理疾病很常見，一點也不可怕。而明白自己的情緒，也是人生中必不可少的一課。人一輩子總免不了要去醫院看幾次病，偶爾內心生病了當然也是正常的。察覺、尋求幫助、慢慢恢復，就能重新做回自己。

憂鬱症為什麼發病率高？

憂鬱症發病率高，和我們平時的情緒一再被壓抑有關。佛洛伊德最早提出了憂鬱和憤怒之間的「暗黑」關係。長期壓抑內心的憤怒或不滿，將會導致我們無法正常溝通和發洩，從而喪失打開自己的內心和世界交流的意願，這也就是憂鬱症的症狀。

前面案例裡的母親，諮商過程中透露自己在英國生活得不如意、孤單、沒有自己的圈子，但是又覺得不能給兒子添麻煩，就一再忍耐。治療之後，她和兒子加強了互動，憂鬱狀態也得到了好轉。

中國文化強調的情緒內斂是憂鬱症產生的原因之一。人們不僅缺乏對自己情緒的了解，而且還羞於表達。大多數人並不想去傷害親近的人，更不想打擾無關緊要的人，但是隔著鍵盤卻可以大肆發洩情緒。「躲在鍵盤後面」和網路中戾氣的出現，從某種程度上來說，是因為我們平日裡有許多情緒不能、不敢、不願意去釋放，而網路是一個天然的出口。

我當然不建議大家都用網路來發洩自己的情緒，而是希望大家去思考，為什麼我們在網路上可以口不擇言？那是因為在網路中遨遊不需要具有同理心，而一個沒有同理心的網路社會對心理疾病患者是絕對不友好的。做為一名心理諮商師，我一直堅信語言是有力量的，這種力量可能有殺傷力。大家在說出一句話，或者打下一個字時，盡力給出溫暖吧。因為我們都是受益人。

女性更容易憂鬱

這裡還想重點提一下女性憂鬱症的發病率在全球高於男性，因為女性除了生理上會經歷不同時期激素的變化，還在各種文化語境中被教導要溫順，提倡付出，這導致女性不重視自己的各種情緒感受，進而忽略情緒上的警告信號。而大環境裡，對心理疾病的了解和對患者的支持還有待進一步發展。以上種種因素的結合，導致女性憂鬱症發病率高於男性。如果妳正在被憂鬱所困擾，希望妳能對自己的情緒多一點察覺，注意關注自己的情緒變化，適時地尋求幫助，並通過上文提到的三種方式嘗試做出改變。

現在，女性受高等教育的機會越來越多了，同時被要求承擔的社會責任也越來越多了。學業、婚姻、事業、育兒、養老等各方面，都對女性提出了要求。我們在各個崗位上獨立工作，與此同時也想要去滿足各個不同社會角色對我們的要求，這好似理所當然的付出背後，女性付出的代價是什麼呢？社會、職場、家庭能幫女性分擔壓力嗎？目前來看，恐怕還是不盡如人意。

前陣子，《八二年生的金智英》在韓國，乃至東亞都掀起了熱烈的討論。細膩描寫現代韓國女性生存環境的書能夠打動很多女性的心，我一點也不奇怪。因為做為一名在英國執業的中國心理諮商師，無論在工作還是生活中，我深深感受到無論身處哪個國家，無論有著什麼樣的文化背景，女性生存環境的改善，和整個社會的發展都是不成正比的。任何語境下，對女性的要求都是相對更嚴苛的。女性的生存環境其實還有很大的改善空間，但看見問題的存在，本身就是一種進步。放在心理學這個範疇裡也是一樣，只有接受自己有問題、需要改進，才能正視問題，然後成長。

關於憂鬱症的話題太多，我也不可能在一本書裡完全說透這個常見但傷害力巨大的心理疾病。這個世界不一定會對我們更溫柔，但是學會聆聽自己，真正理解自己，大聲表達自己——包括自己的不滿和憤怒，那我們就已經慢慢在內心築起防止憂鬱症的長城了。多思考，清醒地認知你的身分、你的社會角色、你的成長軌跡、你的人際關係、你和自己的關係，為自己築起一道抵擋寒風的屏障，憂鬱症也就變得不那麼可怕了。

3 真實比完美「美」多了

我們身處一個經濟發展迅速，但是挑戰也巨大的社會裡。這個社會，對工作能力的要求越來越高，機會好似遍地都是，卻又轉眼即逝。每個人都想成為「更好」的人，在這個大前提下，雞湯和成功學應運而生。

隨手上網搜一搜，就能看到很多文章告訴你如何成功、如何更成功；如何瘦下來、如何能更瘦；如何釋放自己的潛能；如何變成最好的自己……好像在這個社會裡，你不拚盡全身的力氣活著，就是在浪費生命。

這些文章對女性提出的標準和要求極度苛刻。關於身材，有「好女不過六十」的要求——即使在孕產期間也不能鬆懈，媒體上大肆渲染的是「產後竟然比產前更瘦，媽媽們要向ＸＸＸ（通常是某個明星或者凱特王妃）看齊」；關於養育，有「以下四點，幫你做好全職媽媽」的觀點，還有唱反調的，「做全職媽媽是沒追求的人生」；關於工作和家庭，有「事業家庭兼顧其實一點也不難，只要掌握這五個訣竅」……類似的文章不勝數。要做一個「完美」的女人，太不容易了。

完美主義的隱患

可以說，我人生的前三十年最大的動力，就是要盡力在每一個方面都達到「完美」。處處要求完美，給我的人生帶來了什麼呢？坦白說，它雖然給我帶來了一定的外在動力，但更多的是帶來了無窮的焦慮。

為什麼處處要求完美會帶來焦慮？要回答這個問題，我們需要剖析「完美」這個詞，看清楚完美主義的真相。在心理學上，完美主義有六大傾向：對自己要求高、覺得別人對自己的期待高、覺得如果不做得完美，就會被批評或者導致災難、不利的後果、不停懷疑自我、嚴格遵循次序、不能接受錯誤。完美主義的這些傾向在不同個體身上會表現出不同的症狀。

我的一位個案楊璐，是一個強迫症患者，每次出門之前，她都要反覆檢查門窗和鎖，確認瓦斯關閉，拔掉插座上的插頭，排除各種安全隱患。有時候出門了，總覺得沒鎖好門，中途回家去確認。後來，她的強迫症日益嚴重，檢查的步驟越來越繁瑣，出門需要的時間越來越長。她也有點力不從心，逐漸減少了出門的次數，後來索性連班也不上了。

楊璐來諮商的時候，對我說：「我完全沒有任何社交生活，每天生活在恐懼中，不敢出門，也不想待在家裡。我好像把自己關在一座看不見的監獄裡，而鑰匙被我自己扔了。」每個人多多少少都會有一些強迫症。生活裡那些特別愛乾淨、出門回到家要洗很多次手的人，也可能是患有一定程度的強迫症。

而另一位個案盧娜，則有嚴重的拖延症。她對待事情的態度，就是能拖就拖，直到堆積如山，不得不解決。有時候明明有足夠的時間去完成一項工作，卻偏要拖到最後期限才開始動手。因為時間倉促，最終工作完成的品質也會大打折扣，公司的合作專案因為她的拖延，整體進度受到了很大的影響，其他同事也對她忍無可忍，她的工作也因此岌岌可危。無奈之下，焦頭爛額的她選擇來接受心理諮商。她在諮商的時候告訴我：「我真的很想按時完成工作的，但是我就是特別害怕，寧願拖延也不想開始工作。到現在我每次看到郵件都緊張，就怕又有了新的工作，我舊工作還有一大堆沒做完呢。」

這兩個案例的主人公表面上症狀不同，診斷結果也不同，但其實她們的行為背後有一個共同的始作俑者——完美主義。強迫症患者楊璐覺得如果不檢查好每一項潛在隱患，災難就一定會出現，比如水龍頭沒有擰緊會導致漏水，瓦斯沒有關好會引發火災，所以為了「防止災難」，她必須要確保整個住所都保持在完美狀態。因此，她不停懷疑自己，一次又一次檢查自己的房間，最終，每天都被恐懼籠罩著。拖延症患者盧娜難以開始工作是因為她內心堅信每一項任務都必須完美完成，這給她帶來了很大的壓力，於是只好選擇逃避。在她的認知裡，如果一件事情沒有完美完成，自己就會受到嚴厲的批評，越害怕，越拖延。在楊璐和盧娜的眼中，每一件事情都很重要。她們缺乏一種將事情按照優先順序排序的能力，所以明明可以用蒼蠅拍來解決的事，也一定要架上大炮去處理，這樣當然會導致心力交瘁。

一旦將「完美」和「自我價值」掛上鉤，完美主義就會變得越來越危險。因為如果做不到完美，我們就會懷疑自己。「完美」是需要「觀眾」來見證和評定的，也就是必須要有「裁判」，要不然我們怎麼知道自己達到了完美呢？所以，追求完美者的動力都是來自外界，她們的生活看似「完美」，卻隱患多多。

為什麼追求完美？

造成完美主義的原因有很多種，原生家庭的影響是其中很大的一個部分。家長從小要求高，對孩子一味批評甚至冷暴力；只重視結果，卻不重視努力的過程；在成長過程中，不注重孩子自尊心的培養；一言堂式教育，這些方式都容易教導出有「完美主義」傾向的孩子。因為在這種成長環境下，完美變成了他們獲得鼓勵、讚揚和愛的唯一方式。所以，「完美」成了他們對自己的要求，直到長大了也不敢鬆懈。

曾經的我，覺得人生哪怕只要有一點點錯，就是世界末日。當時覺得，我必須不斷透過完美的結果來證明自己的價值，因為一旦降低標準，就將被鄙視、批評，甚至被拋棄。我非常在乎每一件事情的結果，卻從來沒有停下來問自己是不是喜歡現在的工作和生活狀態，所以哪怕看上去算成功人士，但我知道，我是因為恐懼別人的目光，所以不敢停下思考，也不敢嘗試學習新知識。大家小時候看過《歡樂家庭》嗎？我曾經非常羨慕西維爾一家溫情又民主的家庭環境，電視劇裡的爸爸是一名心理諮商師，那也是我第一次對心理諮商有所了解。那樣溫情平等的家庭環境，現在依然不能算普遍。要改變整個社會的家庭養育模式真的非常困難，所以，改變要從自己開始。

多年後，我偶爾還是會被完美困住，但每一次，我都會停下來思考：我究竟為什麼需要完美？如果是為了得到「觀眾」的喝采和「裁判」的評判，那麼，那些觀眾和裁判對我來說真的重要嗎？如果是為了將一件事情做好，是不是只要盡力就可以了？所有正能量故事都有類似的模式：找到自己的目標、積極向上不能消極低落、別浪費時間，高效才能贏、運動很重要、工作（或者職責）很重要。而在這些模式下，人容易產生如下幻覺：人生是可控的、獲得幸福是有方式的；別人都做到了，我也可以。但是，最終我們會發覺人生有太多的不可控，幸福也沒有範本，我們也沒有活出想像中「最好的樣子」，到那時就很容易陷入深深的自我懷疑和焦慮。

給自己機會，去愛上真實而不是完美

打破對完美的執念，是我們很多人都需要面對的問題。那麼，要怎麼樣才能打破對完美的執念呢？

首先，我們可以故意製造犯錯的機會。比如在彙報工作的郵件裡故意寫錯一個字；整理房間的時候，故意亂扔幾件衣服在沙發、椅子、床上。在可控的範圍內去嘗試犯錯，是一個可行的方法，因為你會知道，別人的反應其實遠遠不如你想像中的那麼大，世界也絕對不會因為你的一個小錯誤而崩塌。

其次，還要學會對事情分輕重緩急，學會取捨。如果每一件事情都很重要，則代表沒有一件事情「更」重要。要提升自己的時間管理能力，根據當時的能力和感受，差別對待每一件事情，喜歡做又擅長，如果還能找到意義，那必須是「頭等大事」。不喜歡做，又必須要做的事情，那就需要留出更大的餘地，因為有可能動力不足。明白自己能力有限，才能更好地發揮長處，而將它發揮到極致，我們會獲得更多愉悅。看，這就變成了一個很好的動力能量迴圈。

再次，我們要努力打破黑白的界限。要做就一定要做到最好，這句話的另外一面就是：如果不能做好，那就索性不要做了。過早建立一個標竿，並不會給予更多動力，反而會讓我們膽怯。從一開始就放棄完美的念頭，為自己設定一個現實的、可以達到的目標，而不是把整個希望都懸在一個結果之上，這樣就真的有可能出現螞蟻扳倒大象的局面了。

最後，要學會獎勵自己、表揚自己。很多人其實已經做得很棒了，但還是看不到自己的努力。而且，每一件我們做錯的事情背後，都至少有一件完成得還不錯的事情——比如雖然這個訂單沒有拿下來，但是你的PPT水準還是不錯的。所以要學會發掘自己的「亮點」，而不是期待別人來看見。與其等待外界的掌聲，不如在心裡多給自己掌聲吧！生活那麼不容易，誰不需要一些自我安慰呢？

說到底，要求完美就等於將自我價值的裁定權交給了別人，而自我價值則必須要拿在手裡才最安穩。一個事事追求完美、對自己苛刻的人，就相當於用完美塑造了四面牆，你出不來，別人也進不去。如果要繼續成長，就要接受自己、感受世界、忘卻完美。現在，我可以說，我一點不完美，也堅決不會追求完美。我犯錯、懊惱、糾結，每一天如此，但是我很真實。而真實，比完美「美」多了。

4 當你放棄對安全感的追求，就眞的踏實了

我們生活在這個世界上，扮演著很多社會角色，承擔著很多社會責任。我們在衡量自己的心理狀態時，也要對外界的環境有一個客觀的認識。世界日新月異，一切都變得越來越不確定，這會影響到每一個人。因為不確定因素太多，我們內心的不安全感也會被放大，這導致人人都想要擁有更多。要知道，從理論上來說，世界上沒有一個人能完全擺脫「不確定感」，這也就意味著，沒有人是絕對安全的。

美國社會心理學家亞伯拉罕．馬斯洛，提出了人類需求五層次理論。他曾經在研究裡描述過缺乏安全感的表現：把世界看成是充滿野獸的叢林，危險無處不在；內心深信其他人都自私而且目的不純，所以寧願孤身一人也不與人同行；不

願意信任別人，富有攻擊性；經常陷入強烈的焦慮和緊張狀態，看待事物悲觀，很難獲得愉悅感；總被內疚折磨，時常拷問內心；大多有點神經質、行事自私以及以自我為中心。

這是馬斯洛在一九四二年寫下的觀察，如今依然有很多可以借鑑的地方。在我們急忙給別人或者自己貼上「沒有安全感」的標籤的時候，不妨先思考一下渴望安全感的原因是什麼。其實很簡單，是因為害怕。害怕外界的不確定因素，也害怕自己應付不來，害怕自己孤身作戰，找不到戰友共同面對，害怕陷阱就在腳下，害怕跌倒後無法翻身……害怕的確有著非常強大的力量，讓我們時刻活得小心翼翼。很多人總是將自己的不安建立在外界的條件上，如果我有很多錢，如果我有房子，如果我有相依為命的愛人……我就會活得充實而有安全感。但事實真的如此嗎？

沒有誰的人生是足夠安全的

李其是個正經八百的富二代，父親白手起家，資產遍布全球，還上過富比士富豪榜。父親的發跡，是在他青春期的時候。他眼看著自己家從門可羅雀逐漸變成了門庭若市，家裡的房子也從小平房一步步換成了大別墅，還逐漸有了司機、保鏢和管家。他慢慢習慣了出門前呼後擁，跟著一大群人。但是，每當處在封閉空間時，李其就覺得害怕，最嚴重的時候甚至不敢進電梯，他覺得無比恐慌，以至於無法呼吸。這是幽閉恐懼症的典型症狀。他因此前來尋求心理諮商。

進入診間後，他的第一個問題是：「你知道我是誰嗎？」我心想，這不就是霸道總裁的常見臺詞嗎？我說：「我知道。你是我的病人，因為有幽閉恐懼症，所以前來尋求幫助。」

在心理諮商中，李其表現出了強烈的牴觸。他認定我的目的不純，是抱著獲取金錢的目的想要走入他的內心，所以經常臨時取消諮商預約。當然，我也絕對不會勉強。個案必須要具備主動性，先過了自己那關，我才能幫助他們。

斷斷續續地進行了大約十次心理諮商後，他才慢慢打開心扉。他一直覺得壓力很大，父親工作十分忙碌，對他的要求也非常高，經常以接班人的標準處處挑剔他。父親還一直告誡他：「外面的世界很殘酷，每個人對你的錢都虎視眈眈，若能力不夠強大，就會毀掉我苦心打下的江山。」

叢林法則第一點就是不能相信任何人，但是他的身邊總是有很多人。他在隨從面前傲慢無禮，每次遇見陌生人也都趾高氣揚，但是內心其實總擔心別人是因為他父親才對他百般容忍，害怕自己永遠不可能會有父親那樣的成就。為此，他一直小心翼翼，處處懷疑猜測，活得很累。在每一段關係裡，都習慣用錢去買真心，得到之後卻又懷疑對方的真心。

所謂的真心，在我看來就是同理他人，如果自己不付出，也就不可能得到。

期待值過高，自信心太低。這種巨大的心理落差和壓力，讓他每次處於封閉空間時，就覺得氧氣不夠，最終得了幽閉恐懼症。這種強烈的不安全感和持續對別人和自己的懷疑，會給人造成極大的焦慮，嚴重的患者甚至會出現被害妄想症、精神分裂、幻聽、幻視等問題。為了保護自己，有些人會選擇把內心包裹起來。但是如果不打開自己，就不會有安全感。

然而，知道了這些道理後，李其的情況並沒有好轉。如今的他依然擁有在常人看來無法企及的財富，但他的問題卻比平常人要嚴重得多。他可能終生都無法擺脫父親的財力和威嚴帶給他的壓力。終其一生，他如果選擇了接受這筆財富，就要努力在人前假裝強大，人後卻無言痛哭。而如果金錢始終是他和別人交換真心的阻礙，那就意味著，他也永遠無法得到溫暖的結局，這就是現實。不是每一個人都會被心理諮商師「渡過」，但確實，每一個人都有一顆渺小而不安的內心在暗地裡默默生長，這真的和你是誰無關。

再次強調，心理諮商不是魔法，不可能每次都有效。我從來不認為，自己做為一名心理諮商師有能力去改變任何人。職業上的自信，我絕對有；但職業上的自大，並沒有。我更覺得心理諮商師類似於旅途中的領路人，有拐杖能幫助人們更順利地前行，但以後的路到底怎麼走，還是要由每個人自己決定。你在心理諮商裡投入了多少努力和思考，就會得到多少收穫。對自己的短期關注和長期關注，會得到不一樣的效果。沒有疼痛，就不會成長。舒適區之所以舒適，就是因為你沒有成長。這個道理，在心理諮商裡也是適用的。

這才是真正的安全感

總覺得沒有安全感，該怎麼辦呢？

第一步，還是要自我察覺。多問自己幾個「為什麼」：「為什麼我會這麼沒有安全感？」「為什麼我會一直害怕？」「害怕時，我的行為習慣是什麼？是大聲嚷嚷，還是冷靜思考、安撫自己？」越多的自我對話，就越能說明你找到自己內心的癥結。這也是心理諮商師最常用的行為認知法。很多人說心理諮商就是聊天，但其實，心理諮商師也是在幫你和內在的自己建立溝通。

第二步，是思考害怕這種情緒的意義。我們在未知或者不可控的情況下，難免會感到害怕。但是，本能的感受和實際生活情形是有差異的，真的有必要這麼害怕嗎？有可能是因為我們面對「未知以及不確定」後的過激反應，有可能是原生家庭埋下的種子。然而，真正的勇氣是什麼？就是知道自己害怕的地方，然後能小心安撫自己，繼續勇敢前行。

在學習新技能的時候，失敗和挫折都是難免的，心理上的成長也是一樣的。不要指望一下子將不安全感打敗，這是一個循序漸進的過程。應該將注意力放在優勢上，而不是一味地關注和重複自己的脆弱。尋求幫助、表達情緒，然後原諒自己。

生活總是狀況百出，總有不能控制的情況，我們不能控制別人的評價，也不能完全掌控自己的成敗。想要在一個不可控的環境裡控制一切，最後的結果就是和恐懼作伴，精疲力竭。

美國作家海倫‧凱勒從小就失去了視覺，在她的體驗裡，世界就是黑暗的，可以想像一下，這有多麼令人害怕和緊張，還有人比她更沒有安全感嗎？但她說過：「人類所謂的安全感，其實就是一種迷信，在自然環境中並不存在。想要避開風險，從長期來說其實更不安全。人生要不是一場勇敢的冒險，要不一事無成。直接面對挑戰，才是自由的靈魂。」

在乎安全感的人，都是沒有安全感的人，而剩下的人，他們並非擁有安全感，而是根本不相信安全感這個東西。當你不再執著地追求安全感，接受世界就是由不確定組成的，才能踏實地活在世界上。

5 如何安放「玻璃心」？

在公關公司當總監的時候，我看著團隊裡的新人進進出出，工作不開心就走，做得順心就留，曾由衷地感歎：「他們活得真自我啊！」那個時候的我可不敢這樣隨性，但有時候也會想，為什麼我就不能那樣「隨性」地活呢？

「自我」的一個重要標準是不太在意別人的評價。曾經有一個新人對我說：「我們這一代人都是這樣的，妳對我好，我也對妳好；妳給我臉色看，我也給妳臉色看。我才不在乎妳是我老闆呢！」這種態度，在當時的我看來簡直不可思議。我看似在職場活得遊刃有餘，實則步步驚心，有時候別人一句無心的玩笑都會讓我糾結老半天，相比之下活得太緊繃了。一顆心因為一句話就碎了，「玻璃心」這個詞真具象。而學了心理學之後我經常也會想，為什麼有些人（好比曾經的我）會對批評這麼敏感，而有些人則更「皮厚」一點呢？擁有「玻璃心」的我們，遇到事情之後會有什麼樣的情緒反應呢？

對批評敏感的性格是如何形成的？

我所在的診所有很多客戶是大型企業，如果這些企業的員工有心理問題，可以直接預約就診，費用由公司支付。當公司人事部門覺得員工的行為可能影響他的工作表現時，也會要求員工預約心理治療。其中一位患者利奧，就是應人事要求，不得不來我這裡接受心理諮商。可想而知，他來得很心不甘情不願。第一次諮商的時候，他怒氣沖沖地走進來對我說：「我根本沒有問題，這是公司內部的人事糾紛，他們想證明我的能力有問題，然後少付我年終獎金！你快點幫我寫診斷報告，我要去人事部投訴！」

我看著他氣得通紅的臉說：「給你診斷報告沒有問題，但是你能不能先坐下來告訴我，你這麼憤怒有多久了？」

他愣在那裡，慢慢坐下來喝了一口水，隨後用不確定的語氣說：「大概從我有記憶開始？」

從有記憶的那刻起，利奧就是一隻刺蝟，一碰就炸。這種性格導致他的人際關係非常緊張，與他人一同工作也有困難，因為很多建議其實都意味著分歧或批評，而任何批評都會讓他原地爆炸。結果，一個本來能力很強的人，卻被公司當成了一根刺，遲遲得不到升遷機會。眼看著同年入職的同事紛紛升職，他的心態也崩塌了，心中總有一團怒火，覺得老闆和同事處處針對自己。他說：「要不是還沒有拿到年終獎金，我早就走人了。這個公司的每一個人都是傻瓜。」

看得出來，利奧是一個對批評很敏感的人，後來的測試也證明了這一點。有研究表明，對批評過度敏感很可能和其他心理障礙有關，比如更容易得憂鬱症，更容易產生負面想法，更容易變得神經質。在後來的諮商裡，利奧也同意我向他在職的公司申請十節心理諮商診療，來幫助提升他的工作表現。

坦白說，沒有人喜歡被批評。有時候哪怕是看似善意的小建議，也會激發起我們內心的抗拒。否定或者逃避，通常是我們的第一選擇，但也有一部分人能在受到批評之後去思考，從善意的建議中得到成長，或者直接忽略惡意和無意義的批評，但是對於「玻璃心」來說，每次獲得外界的建議和批評都是對內心動力的極大磨損。因為害怕受到傷害，他們會用各種方式武裝起自己，所以長久下來，他們看起來就一直處於防禦狀態，變得像一隻刺蝟，對外界的負面評價一律選擇否認，然後以敵對的方式來回應。這也是利奧一直以來給人的印象。

那麼，「玻璃心」的性格是怎麼形成的？利奧告訴我，他有一個近乎完美的哥哥，成績好、形象佳、嘴巴甜、有禮貌，人見人愛。相比之下，他就處處遜於哥哥，成績一般、言行舉止不夠得體、個頭也不高，他的父親對他異常苛刻，好像無論他做什麼都是錯的，經常問他：「你怎麼這麼笨？」因為從來沒有得到過正確的引導，年少叛逆的他索性用暴怒來表達不滿，好話壞話一律不聽，他理所當然地把一切都歸咎於父母對他的偏見，然後上綱到世界對他的偏見。

偏心家庭中沒有贏家。利奧的哥哥也沒有因為得到了父母的喜愛而過得更好。他變得非常自大，不求上進，現在還住在家中啃老，沒辦法自立。

父母對孩子總是批評，缺少必要的肯定和支持，是造成「玻璃心」的常見原因之一。從小自信心沒有得到滋養的孩子長大後會覺得世界異常冷酷。如果父母對孩子期望太高，孩子不想讓父母失望，就會變得對批評異常敏感。

不戰鬥、不逃避，找到第三條路

生活中處處有坎坷，就算避開了原生家庭的坑，還有學校和職場的坑在等著你。每顆「玻璃心」的成因不盡相同。要想療癒自己的「玻璃心」，首先要找到傷口形成的原因。我想特別說明一點是，雖然在很多案例裡都可以看到原生家庭對一個人成長的影響，但心理學上更注重的是透過了解原生家庭的背景，了解一個人的行為機制，然後努力激發改變。了解過去，是為了拿到通往未來的密碼。

看見傷口之後，要如何療癒「玻璃心」呢？

二〇一五年哈佛大學的一項研究表明：當我們覺得世界對自己充滿苛刻時，大腦會不自覺地去尋找那些「苛刻」的證據，然後更加覺得世界冷酷。這在心理學上叫作負面偏見。

在心理治療中，我通常會嘗試讓個案看見自己的偏見，透過分析細節來帶動他思考。在幫助他理清楚自己過高的防禦機制的成因之後，我會詢問個案：同事的回饋真的毫無意義嗎？你真的覺得沒有必要提升自己嗎？對於別人的批評，你覺得書面表達還是口頭表達更容易接受？如果有人能夠在批評的時候指出你的進步，你會不會覺得自己更有價值一點？在你批評別人的時候，能不能變得更有建設性？

換位思考是避免「玻璃心」的良好方式。誰都不喜歡被批評，但是誰都需要被批評。能夠接受不同的意見，是成長的動力之一。

做完十次心理諮商之後，利奧拿到了診斷報告，他可以去人事部「交差」了。但是他選擇繼續諮商，想更加了解自己的內心。他想提高情商，更好地察覺和了解自己的情緒，從而做出更正確的決定。他不想一直做一隻刺蝟，刺傷了別人，也傷及自己。在逃跑和迎戰的生活中，他找到了第三條路——思考。

生活帶給我們的體驗，酸甜苦辣鹹兼而有之。如何從這些體驗中獲得意義，要靠我們自己。我們被批評之後，感到難過也很正常，但是也要明白，被批評有時候也代表著自己還有很大的成長空間。當你太在意別人的批評時，那些批評的詞語就會變成你心頭的一根根刺，時刻扎痛你，讓你無法安生，無法前行。所以，要活出真自我，就不要太「玻璃心」。生活已經夠不容易了，何必還要和自己過不去呢？

6 如何跳出「我是受害者」的惡性循環？

我學習心理學的初衷是想讓心理學變得工具化。我堅信，心理學知識是有力量的，它可以改變人的命運，至少改變了我的命運。

在我看來，心理諮商師應該重視自己和個案之間的平衡性。平衡性就像心理諮商師和個案之間的蹺蹺板，心理諮商師可以抱著高高在上的態度「醫治」個案，不和個案分享自己的任何資訊，在諮商中扮演絕對的主控角色；也可以是抱持一起探討的態度，注重引導個案運用自己的力量，那麼這個蹺蹺板就是有來有往的，是更趨向於互相平衡的。這兩種方式並無高下之分，各有利弊，心理諮商師也可以在兩種方式之間自由切換。

但我自己比較傾向於後者，一種相互探討和交流式的心理諮商。在成長的過程中，我和大家一樣，犯過很多錯，走過很多彎路，體驗過很多辛苦和掙扎。而這些挫折曾經讓年輕的我多次產生自憐的情緒，經常覺得世界不公平，也覺得自己永遠不會快樂。我羨慕別人的原生家庭，也一直對身邊的人抱怨：為什麼自己不是那個「幸運」的人？很多好朋友看不過去，給了我一些建議，但我總覺得命運不可能改變，總是在和自己、和別人較勁。有一個好朋友回想起過去的我說：「妳那個時候真是充滿負能量啊，好多次都不想理妳了。」

年紀大了一點之後，責任也加重了，而生活卻並沒有變得更容易。但是，只因為一個關鍵的心態改變，我不再抱怨，甚至變得對未來充滿熱情。因為我終於跳出了「我是受害者」的惡性循環。

為什麼不幸的人會越來越不幸？

讓我們仔細想想，身邊有沒有這樣的朋友、家人、同事。

一開始，他們一副楚楚可憐的樣子，能激發我們最深的同情。但是時間一長就會發覺，他們習慣將一切不幸都怪罪於其他人，包括原生家庭、霸凌他的同學、勢利的老師、糟糕的伴侶、無人性的上司、難處的同事……處處表現出一種「我是受害者」的姿態。而當你想要幫助他們的時候，卻發覺他們根本不會聽取你的建議，只會繼續陷在自己的情緒裡。他們一直在抱怨，卻從來不改變。這就是受害者心態的體現。

奧地利心理學家費尼切爾早在一九四五年就提出了「受害者心態」理論，同時注意到了「受害者心態」和憂鬱症之間的聯繫。與擁有受害者心態的人交流時，我們通常都會有巨大的無力感，那是因為他們對自己生活的無法控制，會不自主地投射到我們身上。他們被迫接受生活裡經歷的一切不幸，卻找不到任何一件愉悅的事情。他們的談話總會以「我好不幸」開始，然後又以「我好不幸」結束。這種無力感非常具有傳染性，哪怕帶著愉悅的心情去見面，在談話結束之後你也會覺得好像被生活痛扁了一頓，渾身無力，內心充滿絕望。

他們的不幸，通常也都是有理由的。他們可能在成長過程中經歷過許多苦楚甚至災難。但是我們都知道，人生哪有那麼多玫瑰花園，我們也都不是小王子和小公主。當我們深陷泥坑的時候，只能自己從泥濘裡爬出來。很多時候，生活並沒有給我們很多選擇，我們也都在嘗試著、掙扎著。但是對於有著受害者心態的人來說，這是不可能完成的任務。他們經歷的痛苦，變成了一齣註定的悲劇戲碼，而他們是這場悲劇的唯一主角。雖然對白都是悲慘的，場景都是苦難的，燈光都是暗淡的，別人都是非奸即盜的，但是這種戲劇性很容易讓人上癮。而在自己的悲劇裡做主角的時間越長，就越難回到正常世界裡，與社會和人群建立健康正常的關係。所有的交流，都會自動帶上「悲慘」濾鏡，更容易讓陌生人同情，也更容易讓熟人敬而遠之。

我的一位個案艾米就是這樣的人。她最近很困擾，多次績效評估的時候，都被同事評價為「缺乏合作性，工作態度消極」。她很鬱悶，便來接受心理諮商。她一進門就說：「公司性別歧視，因為我是女人，才要求諸多。公司也根本沒有人性，明明知道我剛離婚，已經很痛苦了，還要雪上加霜。」

我說：「妳不妨用這個機會來了解自己。心理諮商可能對妳會有些幫助！」

她帶著不屑一顧的語氣說：「妳和他們也是一夥的吧？想開除我就直說！我知道你們的伎倆，反正肯定不是我的錯。」

我微笑了一下說：「我也沒有說是妳的錯啊，我們可以談一下責任嗎？責任和錯誤，是同一件事情嗎？」

她愣了一下，然後冷冷地說：「妳不用來教育我，我就是這樣的人。我的人生註定就是不幸的，妳不可能理解我。」

「既然妳已經來了，那就讓我嘗試一下吧！」我用邀請的語氣對她說。

唯一的出路是對自己負責

之後，艾米的人生畫卷慢慢在我眼前打開。她是在母親的抱怨，甚至詛咒中成長的。母親總是向她傳遞對婚姻、生活、孩子的怒氣和怨氣。小時候的她，也曾經努力想讓自己變得優秀，好讓母親快樂，但是她發覺這麼做完全是徒勞，世界上沒有什麼東西能夠讓母親滿意。後來，她想透過結婚和生孩子來找到人生的意義，但是丈夫越來越讓她失望，孩子讓她覺得自己被困住了。於是，她開始抱怨生活不公平、丈夫沒本事、孩子是累贅，別人都是走了捷徑才成功。她變得敏感刻薄，無法接受任何拒絕和批評，覺得每個人都在針對她，於是為自己穿上了厚厚的帶刺盔甲，擺出一副「我不好惹」的架勢。

受害者心態的養成是有跡可循的。通常是因為我們的成長環境中就存在著這樣的成年人，他們總覺得自己的命運特別「淒慘」，嘴邊總是掛著「命苦」「受罪」「可憐」之類的詞，漸漸地，我們會下意識地覺得，抱怨才是獲得他人關注的唯一方法。

有受害者心態的人，一般也會有被動攻擊型人格。被動攻擊，是一種以被動的方式展現強烈攻擊傾向的、非常不健康的情感處理方式。被動攻擊型人格者性格固執，內心充滿憤怒和不滿，但是不敢、不願意或者不習慣直接表現洶湧的憤怒，就用刻薄、抱怨、敷衍甚至冷暴力的方式來表達自己的憤怒。自傷也是一種比較常見的受害者心態症狀，即用傷害自己的方式來得到關注，這種做法殺敵一千自傷八百，殊不知自己才是最珍貴的。

「受害者」們唯一的出路就是，學會對自己負責。

後來在諮商中，我告訴艾米：「妳是對的，確實這個世界上沒有人能讓妳母親滿意，除了她自己。但是，珍惜、關注、愛護自己的責任在自己，無論命運多麼顛簸。而怎麼去珍惜、關注、愛護自己，需要我們付出一生的努力去學習。之前三十幾年沒有學會也沒有關係，從現在開始，永遠不遲。」

如果你身邊有一名「受害者」，請守住自己的邊界。如果你是一名「受害者」，請自我察覺和改變。你的過去，也許有很多悲傷，但是你的現在和將來，要不要讓過去來定義，取決於你。你可以選擇在自己的人生悲劇裡當主角，把別人都推開；也可以嘗試著放下防備，與他人協作，找到一些樂趣。那些用來保護自己的刺，只能傷害自己和愛你的人，而對不在乎你的人根本不起作用。你可以抱怨，可以傷心，可以任性，可以表演，但是要學會對自己說「停」。不要活成一齣悲劇，因為到最後觀眾只有自己而已。

對自己負責，代表對自己的失敗負責、快樂負責、欲望負責、憤怒負責、悲哀負責、愛負責。這短短幾句話，也許需要我們用一生去實現。

當我們內心充滿憤怒、感到痛苦的時候，我們當然可以，甚至有資格說：「是你，還有你們的錯！」但找到了過錯方之後的內心重建，只有自己才可以完成。人生的開關，可能不在我們的手裡，但是方向盤和煞車，要自己牢牢把握。哪怕長路漫漫，十足的自愛會為我們保駕護航，路途也許崎嶇，但總能走出康莊大道的。

7 逆商：超越困難的能力

做為心理諮商師，我見過很多處在人生谷底的人。在公立醫院工作時，我見過一個重度憂鬱的女病人，因為曾經嘗試自殺，被家庭醫生強制來接受心理諮商。她不修邊幅，連黑色襯衫上的扣子都扣錯了位置。明明才四十多歲，神態卻萎靡得像垂垂老矣的婦人。她說：「妳不用嘗試了，我的人生已經沒有希望了。」

她的獨子剛滿十八歲就因為長期遭遇霸凌而自殺，她心痛欲絕，極度自責，和丈夫的關係因此遭受重創，漸行漸遠，最終形同陌路。雪上加霜的是，不久後，她的母親被檢查出癌症晚期。為了母親，她強忍悲傷，辭掉了全職工作，住在了醫院裡，全心全意照顧母親。然而，六個月後，母親還是過世了。

她問我：「人生真是太艱難了，是不是？」我點點頭。她又說：「我告訴過妳我沒救了吧，我的人生失敗極了。」我說：「我知道，妳的孩子沒救了，妳的母親沒救了，妳的婚姻也許也沒救了，但是妳的故事還可以繼續，也必須要繼續。擁有在困境中站起來的力量，是一個人最重要的能力。」

高逆商人群的共同點

面對挫折、擺脫困境和超越困難的能力，就是逆商。這個概念是一九九七年由美國的保羅・史托茲博士提出來的，主要研究人的韌性和復原能力。

在維持心理健康方面，逆商甚至要比情商更為重要。二〇〇五年挪威的一項研究表明，韌性更強、復原能力更高的人，更容易抵抗各種心理疾病，在經歷重大創傷之後，逆商更高的人恢復得也更快。高逆商的人在面對困難時，能夠盡量控制負面情緒的感染區域，擴大積極情緒的反射點，從而在百般苦難中也能體會到一點點甜。

根據著名心理學家蘇珊・寇巴薩的理論，高逆商人群通常有以下三個共同點：

第一，百折不撓。把挫折看成挑戰，所謂的越挫越勇就是逆商高的表現之一。

第二，充滿信念。對自己的生活有信念感，信念感則可以來自工作、家人、自己，或者信仰。

第三，自我掌控。逆商高的人在經歷挫折的時候，會把更多的精力放在自己可以掌控的事情上，盡量不讓悲觀情緒蔓延，導致自己喪失動力。

你也可以擁有高逆商

心理諮商是如何幫助那位重度憂鬱的女士的？對她的治療，開始於幫她重新定義自己的人生。在一次一次的諮商裡她慢慢知道，感到悲哀並不代表人生失敗，她需要允許自己低落、絕望，並試著建立長期目標，也慢慢了解到自我關懷是自我癒合的重要內容，良好的秩序感有助於生活重回正軌；要學會分享自己的痛苦，積極尋求幫助，包括堅持心理諮商。

八次諮商之後，她穿上了彩色的衣服。她加入了一個霸凌互助小組，幫助其他人明白學校霸凌的危害，結識了一些霸凌受害者的父母，漸漸構建起了自己的朋友圈。十六次諮商結束之後，她抹上了淡淡的口紅來見我，告訴我她開始跑步了，小目標是堅持每天三公里，大目標是參加明年的倫敦馬拉松。她說，她會一輩子懷念孩子和媽媽，但是她的故事還要繼續下去。她不再是過去痛苦的受害者，而變成了創傷之後的倖存者。

那麼，如何提高逆商呢？我為大家推薦幾種實用方法。

第一，培養技能和興趣。很多個案都無法回答「平時喜歡做什麼」這個問題。一種興趣、一門技能是一項能讓我們帶著喜悅全身心投入的活動，如美食、健身、電影、畫畫、散步等。技能和興趣是我們與這個世界建立的溫暖的聯繫，能提醒逆境中的我們看看生活之美。

第二，設立一個力所能及的小目標，完成後再設立一個大目標。小目標可以很微小，比如學會煮水煮蛋。我們能在完成小目標的過程中學會從長遠角度規畫人生，始終帶著希望前行。

第三，培養多角度看問題的習慣。新工作背後可能存在挑戰和困惑，婚姻結束之後可能會出現新的機遇。如果能跳出非黑即白的思維方式，逆境也許就沒那麼可怕了。

最後，增強體魄。身體棒棒的，才能氣勢滿滿的。

也許你此刻和我一樣，正在經受生活的錘煉——職場人、母親、女兒、伴侶等身分集於一身。請記住，無論多忙碌，都別忘了培養自己的逆商。因為，在困境中，最終能夠將你打撈起來的人，只有自己。

8 走出傷害只需要這四步

你應該已經充分理解，成長就是一個坑連著一個坑。這些坑或大或小，小的坑只會給我們帶來些許困擾，大的坑可能會對我們造成伴隨一生的創傷。隨著時間的推移，我們可能會逐漸淡忘那些創傷。然而，如果我們不去正視、清理、治療，這些潛伏的創傷某天就會突然興風作浪，誘發各種心理疾病。

為什麼久遠的過去依然會對現在的我們造成傷害？為什麼我們「走不出來」「放不下」？

澳洲阿德雷得大學的研究表明，孩童時期遭受的創傷會損害大腦的腎上腺激素和催產素分泌系統，從而導致情緒控制系統的生長發育出現問題。腎上腺激素大家可能更熟悉一點，這是一種在高壓情況下會大量分泌的激素，讓我們準備作戰或者逃跑。而催產素聽上去像是雌性體內獨有的物質，但其實是一種男女都會分泌的物質，俗稱「愛的荷爾蒙」。催產素能激發社交欲望，幫助人積極控制情緒，感受愛和給予愛。基於不同的基因和性別，每個人體內產生的催產素數量也不一樣。你待人接物是和藹可親，還是高貴冷豔，背後的主導因素之一就是神奇的催產素。催產素系統的發育水準會極大程度地影響我們接受愛和感受愛的能力。

催產素系統位於腦垂體後葉。它的成長發育，當我們在子宮裡時就已經開始了，經過嬰兒期、孩童期的持續成長，最後在青年期基本定型。孩童時期受到的心理傷害、經歷過的嚴重挫折或者身體上的病痛，都會影響催產素系統的成長發育，從而導致人成年後，體內催產素的數量明顯低於其他人。

如果我們把大腦看作一個精密的儀器，那麼情緒則是這個儀器的中樞。影響這個中樞發展的最大阻力就是創傷。從現有的研究我們已經知道，創傷會持續地對人產生傷害。憂鬱、焦慮、人格障礙、自殘、暴怒、上癮、複雜性創傷後遺症甚至自殺，都和孩童時期的創傷有關。即便我們已經淡忘了創傷，一些突發的壓力，比如丟掉工作、失去親人或者婚姻解體，還是有可能激發創傷反應，讓我們陷入過去的陰影。

怎樣的傷害才構成創傷？

界定一次傷害是否為「創傷」的決定性因素並不是傷害的嚴重程度，而是當時的個人感受。如果當時的你感受到了危險，孤立無援，那就是創傷。

我小時候個子非常小，又頻繁轉學，所以經常被欺負。十一歲時，我從黑龍江轉學到上海。一進入教室，就能感覺到同學的不友善。老師對著我大聲喊道：「快點進去坐好啊，愣著幹嘛！」當時那種窘迫的心境，我到現在還記得。

二十多年後，我去一家醫院辦理入職手續，因為需要用到印表機，便去櫃檯詢問印表機密碼。工作人員大聲吼了一句：「妳自己不會去找啊！」那一刻，手足無措的感覺一下子冒了出來，彷彿又置身於二十多年前的教室中，老師對我大聲喊叫，全班同學冷眼旁觀，尷尬至極的我無地自容。莫名其妙，當時我的眼眶就紅了。好在這麼多年的專業訓練還沒有丟掉，我趕緊走到洗手間平復了一下情緒，然後在情緒的小黑屋裡準確地找到了那種熟悉情緒的來源。其實，難過的是十一歲的我。知道了情緒的來源，就更容易安撫自己，也不會讓傷害延續，更不會輕易貶低自己。

分享這樣的體驗和感受，可能有人會覺得我小題大做——這種小事也會造成「創傷」嗎？每個孩子不都曾經歷過嗎？對於別人來說也許不值一提，但是對於我自己來說，那就是創傷。不以別人的感受做為標準，更注重自己內心的體驗，是界定創傷的重要標準。

如何處理內心的創傷？

治癒心理創傷是非常艱難的。但是，如果不去關注曾經的傷痛，後果可能會更嚴重。過往激起的小水花經過時間的醞釀，也許會變為驚天巨浪，將現在的我們吞噬。

我曾經在倫敦最貧困的地區擔任過公立醫院的臨床心理諮商師。那裡的居民經濟狀況不佳、教育水準低，所以來找我的都是重度心理疾病患者，其中有一個患者讓我印象深刻。她出生在一個特別重男輕女的印度家庭裡，從小就承擔了全部的家務。五歲時，哥哥開始性侵她，一直持續到她出嫁。更可怕的是，父母一直以來對哥哥的行為是默許的，還強迫她服用避孕藥。婚姻也是父母安排的。

在這樣的環境中長大，她患上了長期的創傷後壓力症候群（ＰＴＳＤ），並伴有憂鬱和酒精上癮。第一次診療中，她痛哭著對我說，覺得自己的人生沒有希望了。我遞了一張紙巾給她，然後輕輕告訴她：「可是，妳活了下來，妳做得很好。」

之後，我陪她一起踏上了自救的征途。創傷後壓力症候群的根本原因是「過去的傷害在當下重演」。儘管性侵在她結婚之後就結束了，但是在她的意識裡，這二十多年來自己依然身處其中。她會不自覺地在腦內重複那些創傷場景，然後一次次地感到當時的恐懼、驚慌、憤怒、無助和悲傷。

那麼，我們應該如何處理內心的創傷？我通常會採用下面幾個步驟向個案說明。

第一步，在情緒穩定的狀態下處理創傷。人在情緒的衝擊下很難理性地思考問題，所以首先要確保自己的情緒是足夠穩定的，然後再開始療傷。我常在接待個案之前透過深呼吸來平靜自己的情緒。

第二步，打撈回憶。從過往的千般思緒裡，篩出那些最痛苦的記憶。如果有很多傷害，不要急著一起記起，安撫內心是需要耐心和時間的。

第三步，識別當初受到傷害時的情緒。當時的感受是羞愧、害怕、恥辱，還是憤怒？弄清楚了之後才能對症下藥。

第四步，承認那些感受的正當性，原諒自己當初的不作為。過去的事情也許現在看來不算什麼，但對當時的自己來說是很嚴重的，所以成了心結。有一點是確定的，當時的自己已經盡力了。

治療創傷後壓力症候群最艱難的步驟是重現創傷史，也就是要營造一個安全的環境，讓患者反覆面對曾經被傷害的自己，一步步在心理上脫離苦痛。這個環節很痛苦，用痛如剔骨來形容也不過分。正如我的女患者，多次崩潰發怒，提起那些傷害，就好像一次次撕開還未癒合的傷口。她的講述中還帶有記憶中的景象、聲音、氣味和身體上的痛楚。她說父母、哥哥的背叛，打破了她對整個世界的信任，讓她失去安全感，哪怕有了自己的家庭後也無法彌補。此時心理諮商師必須在保證安全的前提下，說明患者重新樹立規則和界限。就好像電影剪輯師一樣，把零碎的片段重新編輯起來變成電影，然後賦予其全新的意義。這些意義包括：更了解自己面對壓力時的反應，重新整合世界觀，更好地和自己相處，以及重建可靠的社會網路。

一年治療結束之後，她鼓足勇氣對哥哥提起了訴訟，也找到了適合自己的新工作。她還創立了一個慈善機構，來幫助和她有過相同遭遇的印度女性。她說：「我曾經非常渴望媽媽能承認哥哥對我的性侵，而不是僅僅因為我是女性就不顧我的痛苦。我和哥哥都是她的孩子不是嗎？現在我知道了，我有能力正視自己的痛苦，哪怕全世界都選擇漠視。不曾被珍惜，不代表不可以學著去珍惜，這或許就是痛苦的意義吧。」

9 感謝那些不會殺死你的經歷

在前面兩篇文章中，我們談到了如何培養面對挫折、擺脫困境和超越困難的能力，以及如何發現並治癒內心隱藏的創傷，而本文則是前兩篇文章的延續，我想和大家聊一聊帶傷前行。

什麼是創傷後成長？

二〇〇六年美國的一項心理學研究表明，一些曾經經歷過創傷的倖存者，在人生低谷之後反而能夠得到心理上的成長。這種現象在心理學上被稱為「創傷後成長」（PTG）。沒有被創傷吞沒，反而更珍惜當下的生活，樹立更積極的世界觀，同時也能夠看到自己更大的可能性。我們內心想要向上的力量，真的特別美好；我們心理上的彈性，也極其動人。

創傷，通常都是和憂鬱、焦慮、創傷後遺症聯繫在一起的。人生大大小小的傷口確實很疼，但是，如果我們只是單一地看到創傷帶來的傷害，就會過多關注創傷帶來的無力感，也會錯過創傷可能帶來的成長。研究在跟蹤調查了很多創傷受害者之後發現，無論他們面對的打擊是自然災害、婚姻解體、中年失業、失去親人，還是恐怖襲擊，創傷激發的成長通常會集中在三大部分。

第一部分，關於自我認知的變化。在經歷了痛苦之後，因為找到了自己內心隱藏的力量而感到更強大甚至覺得更幸運，我們常說的「大難不死，必有後福」其實也帶有這樣的意味。

第二部分，關係的鞏固。痛苦的經歷，往往能夠加深我們和身邊人的關係。患難見真情，而真情，值得特別珍惜。

第三部分，世界觀的改變。從斤斤計較，到活在當下；從每天焦慮，到隨遇而安，除了生死之外都是小事，很多人在經歷痛苦之後也會有如此領悟。

忙碌的生活讓我們每天汲汲營營、缺少思考。有時候，一個突然而來的打擊，可能也是把我們甩出慣性的「機遇」。

悲劇之後或許就是新生

蘿拉是一位在職的中年女性，她第一次來諮商是為了治療憂鬱。工作上沒有起色，婚姻在十幾年之後也早就沒有了激情，兩個孩子需要費心照顧。她說感覺自己被生活吞沒，漸漸失去了目標，也對自己的身分產生懷疑。她對婚姻不滿，覺得丈夫雖然沒什麼大錯，但是缺乏情趣，而且工作能力一般。她暗自後悔神傷，正好又碰上老同學聚會，和高中初戀又聯繫上了，覺得是「命運」的安排讓他們重逢，也覺得這是治療憂鬱的好機會。大概三次諮商之後，蘿拉忽然不再來了，這種事情在心理諮商中很常見，因為她沒有人身危險相關的問題，我也就按照慣例將她的檔案封存了。

沒想到一年之後，她又重新來就診，這一次，她想走出傷痛。她的一個孩子因為急性白血病，在三個月前去世了。中年喪子之痛簡直將她摧毀了。但是，在後來的諮商中，她也承認，孩子的去世在某種程度上拯救了婚姻生活。

在孩子生病期間，蘿拉曾經一直不滿的、沒有情趣的丈夫展現出了極大的同理心力、耐心和包容，在面臨巨大悲痛的時候，依然擔負起了安撫家人的責任。婚姻的紐帶再次牢固，因為她又記起了最初愛上丈夫的原因，那就是他的負責、穩重、溫暖。而且，之前那些因為生活忙碌而很久沒有聯繫的朋友、親人也因為這場悲劇而紛紛來關注他們，安排各種週末活動，一起深夜長談和痛哭。已經快要進入青春期的大孩子本來一直沉迷於遊戲中，現在也因為家庭變故發生了改變，對父母敞開了心扉。痛定思痛之後，蘿拉決定轉變生活重心，更關注家庭的意義，她辭職了，開始接受瑜伽培訓，準備去從事自己一直心儀但沒有勇氣嘗試的工作。一年之後，她移民去澳洲並寫了一封郵件給我，告訴我她懷孕了。

這場巨大的悲劇，讓他們全家措手不及，卻也幫他們找到「生機」。痛苦中的凝聚力讓這個本來充滿抱怨的家庭重新珍惜彼此，走向新生。

感謝過去，帶傷前行

你也許會想，這麼痛苦的新生，寧願不要好嗎！確實是啊，但是你不要，生活也不會放過你啊！未來會發生的可能不至於是喪子失親，但是被分手、被開除、被退租、被拒絕、被打壓、被霸凌、被忽視等，都很常見。與其期待無風無浪的人生，還不如主動強身健體，將不可避免的苦難變成滋養，是沒有辦法中最好的辦法。

在短暫又漫長的這一生裡，困難處處可見，創傷也不會輕易放過我們。心理上是否有彈性，決定了我們是否能夠在困境中保持希望、樂觀、冷靜思考。這種受挫能力可以在創傷之後被激發，也可以從現在就開始培養。

這裡我想重點提一下，受挫能力培養和所謂的挫折教育，是完全不同的。所謂的挫折教育是人為地讓孩子遭受挫折，身體上的磨練、心靈上的打壓，不允許孩子有社交生活，不讚賞、不表揚、不尊重。

其實，這些做法只會讓孩子對大人產生不信任感，缺乏對自我價值的認同，哪怕孩子們「一時間」表現得很堅強很懂事，那也是以疏離和冷漠做為代價的。在人際關係上缺失溫情會導致成年之後不能建立屬於自己的安全網，墮落得也會更快。

而真正的受挫能力，來自一個人的開放性和主動性。開放性，代表著好奇、生命力，還有生命轉軌時的接受程度。當改變的陣痛來臨時不去逃避，保持思考，就已經跨出最難的第一步了。而主動性，是指哪怕災難「被迫」發生在你身上，但是你面對災難的態度可以是「主動的」。主動地尋求幫助，主動地了解自己，主動地尋找意義，主動反思。

我的一位女同事特蕾莎，五十多歲，一頭金髮，個子很高，平日愛穿西裝，氣場特別強大，我都不太敢和她說話，直到有一次偶爾聊天，才知道她的故事。特蕾莎曾經是一名律師，就在快要升官的時候她的丈夫突然去世了，留下了她和女兒。終於走出悲痛之後，她就一直思考著死亡和失去的意義。人到中年，便開始學習心理學，然後讀了個博士，畢業論文的題目是《悲傷的意義》。現在是診所唯一一名用存在主義療法來治療心理疾病的諮商師。存在主義心理學強調個人的主觀存在價值，主張我們有自己選擇生活目標及生活意義的自由，重視現實世界中個人的主觀經驗。和她聊完天之後，我第一個體會是，人到中年保險很重要。第二是，如果願意主動思考，痛苦一定可以結成果實。

最後強調一點，創傷後成長理論的奠基者、美國北卡羅來納大學心理學塔德琪教授曾經說過，女性更容易從創傷中獲得成長，這也是我在心理諮商中反覆驗證過的。柔軟的力量在這裡也可以看到呢！用我們的愛和溫暖來支撐自己的開放性和主動性，就一定能成長，「任何不能殺死你的，都會使你更強大。」

10 讓犯過的錯誤爲我所用

容錯率和逆商是兩個不同的概念，逆商是指在困境中站起來的能力，而容錯率則更關注犯錯之後的自我原諒和自我接納。人一生中會犯許多大大小小的錯誤，原諒自己曾經犯下的錯誤，遠比想像中難。

不管承不承認，犯過的錯誤就在那裡

文傑是一家廣告公司的創意總監，頗有才華，操刀過很多大眾熟悉的廣告，據說最顛峰的時候，各個電視臺都在播出他的不同廣告。照理說，人到中年能有這樣的成就應該是春風得意，但是他卻陷入了深深的憂鬱中，無法享受成功，感覺不到快樂。他很絕望，自己也不知道為什麼會這樣。

我和他一起慢慢尋找原因，不放過任何蛛絲馬跡，最終發現了真相——他沒有讀過大學。因為父母的管教非常嚴格，所以他在青春期的時候特別叛逆，經常打架和蹺課，高三的時候被學校退學，失去了考大學的資格。當時的他年輕，充滿闖勁，根本沒有把不能上大學看作一件大事。

憑藉著自己的創意天賦，他逐漸在廣告界闖出了一片天。然而，二十多年過去後，他才發現原來自己一直沒跨過學歷這道坎。和同事聊天提及自己的教育背景的時候，找工作填寫簡歷的時候，甚至在孩子的生日聚會上和別人閒聊的時候，「你讀哪間大學」這個問題都會跳出來，讓他如坐針氈。為了掩飾學歷上的心虛，他會找很多理由來證明學歷不是成功的必需品，也會故意在很多場合誇大自己的成就，貶低學歷的作用。然而，這些做法並沒有讓他變得自信，反而時間越長，他就越覺得自己是一個「冒牌貨」。他開始覺得自己德不配位，自信心也產生了動搖，患上了嚴重的焦慮和憂鬱。

一味掩飾錯誤其實是在折磨自己。因為不承認犯過錯誤，等於是在對自己說：我不接受曾經犯錯的你。自責，就像一把懸在頭頂上的劍，讓人一刻不得安寧。

若想不再痛苦，首先應該承認自己不是完美的，然後認識到我們每個人都會犯錯，繼而原諒和寬恕自己，最後從錯誤中成長。這四個步驟，缺一不可。

我問文傑：「你覺得自己當初錯了嗎？」他沉默了許久說：「我曾經以為自己絕對不會對任何人承認，但是我錯了。當初實在不應該太任性，應該去讀大學。」那一刻諮商室裡氣氛很沉重，我能感覺到他滿滿的後悔，甚至有一絲絕望，以及對於過去時光不可挽回的悲傷。我輕輕地說了一句：「還好，這最起碼證明了你不是機器人，能夠知道自己會犯錯。」說完之後，我們相視一笑，把他的思緒拉回了當下。

心理諮商過程中，諮商師需要細心觀察和掌控診間內細微的氣氛變化。當個案過度沉溺在過去的傷痛時，諮商師需要找到溫暖、同理心的辦法，讓情緒流動起來。同樣，想要自我療愈的患者除了要給自己一點時間回憶過去，還要注意，一旦發覺自己開始產生絕望的無力感，就要馬上停止，盡可能抽離出來。過去是我們無法改變的，沉溺於過去只會帶來深切的絕望感。

原諒犯錯的自己吧

我們特別懼怕失敗和犯錯是有原因的。心理學研究表明，失敗和犯錯會打擊我們的自尊，讓我們自認為社會地位降低了。社會對成功和財富的過度關注也會導致人們越發害怕失敗。平凡的我們活得小心翼翼，不敢愛錯人、不敢換工作、不敢嘗試新事物，做什麼都畏畏縮縮……我們並不相信自己有能力從失敗中重生，也沒有辦法接受犯錯的自己。

艾米是我的個案，結婚二十週年那天，她決定向金融家丈夫提出離婚。長期婚姻不幸給她造成了巨大的心理創傷。艾米在諮商時總是止不住地哭泣，覺得自己的人生太失敗了。雖然她內心知道，自己和丈夫早就沒有了感情，但是她太想要一個童話般的幸福結局了，所以一度堅持告訴自己應該忽略婚姻中的不愉快，包括丈夫的情感冷暴力。

我說：「如果妳只允許人生有一種結局，而且是眾所周知的那種童話般的美好結局，那妳真的是失敗了。透過這段婚姻，妳最起碼明白了，眾人眼裡的幸福婚姻，對妳來說其實並不幸福。那麼，妳要的快樂是什麼樣子的呢？」後來，她重新拾起了之前放棄的室內設計專業，開始嘗試交一些新朋友。有一天，她對我說：「童話故事裡的女孩好像都在等待被拯救，可是我發覺，沒什麼比拯救自己更快樂的了。我要感謝這段錯誤的婚姻，否則我不會知道自由的美好。」

幸福人生的定義不只一種，這是一段「失敗」婚姻帶給她的啟示。

能接受自己的錯誤，才可以繼續勇敢前行。反之，則會在心理上停步不前。是讓犯錯的痛苦將我們吞沒，還是拍拍身上的灰，爬起來繼續往前走？這是一個艱難的抉擇，抉擇的權利掌握在你手裡。

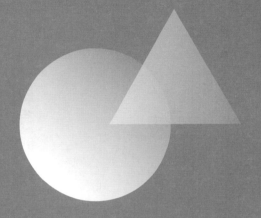

Chapter

2

解開你的情緒密碼

1 情緒是讀懂人心的密碼

「人生已經如此艱難，情緒還要來搗亂。」在一次諮商中，我的個案發出了這樣的感嘆：「尹博士，有時候我覺得快要被自己的情緒給累死了，如果有場手術能夠切除所有的情緒就好了！」他還問：「情緒的存在真的有必要嗎？機器人效率高多了吧！」可是他並不知道，如果真有這樣的「一刀切」手術，那可就太浪費我們辛辛苦苦進化得來的情緒功能了。

大家是不是經常聽到「負面情緒」這個詞？好像一切讓我們不快樂的情緒都是負面情緒，需要被清理。但是從心理諮商師的角度來看，情緒是不存在負面或者正面之分的。

任何情緒裡都含有資訊，是我們潛意識裡用來和內心溝通的密碼。越是能夠輕易地察覺和破解自己內心的密碼，你的情緒處理能力就越高——也就是我們常說的「情商高」。而情商高的好處，自然不用我多說了。

美國東北大學心理學教授麗莎・費爾德曼・巴雷特曾經寫過一本心理科普讀物，叫作《情緒跟你以為的不一樣——科學證據揭露喜怒哀樂如何生成》。她認為，清晰地了解自己情緒的來源，甚至把情緒琢磨透了，能夠幫助我們更好地打造自己的情感體驗。如果你能了解情緒的細節、情緒的發展和情緒的威力，你就可以成為情緒的主人，而不是被情緒牽著走。

巴雷特的研究還表明，那些明白自己負面情緒來源的人，相比對負面情緒一無所知的人，情緒控制力高三〇％。了解自己情緒的人，相對來說也有著更健康的心理防禦水準，不會酒精、毒品上癮，很少對別人亂發脾氣，能夠對自己的情緒負責，也更能夠與身邊的人同理心。

情緒的三大作用

從心理學的角度來看，情緒有三大作用。

第一，情緒是一種重要的溝通工具。我們的表情是微笑還是厭惡，聲音是冰冷還是溫暖，身體語言是打開還是拒絕，這一切都是由情緒主導的。當我們關掉情緒的開關時，交流就變得冰冷、機械、程式化。我們也會逐漸失去和別人真心相待的能力，一直戴著面具而不自知。長此以往，面具就再也摘不下來了，它已經成了我們的一部分。

第二，情緒是我們行動的發動機。每一種情緒，背後都帶著推動我們前行的力量。身未動，心已遠，就是代表著情緒能夠比身體更早對周圍的環境產生反應。比如害怕，會讓我們在險惡的環境下隨時應戰或者逃跑；悲哀，會提醒我們需要療傷和宣洩；憤怒，則會讓我們更有力量來保護自己。如果我們沒有這些「負面」情緒的保護，我們會失去邊界，我們會任人欺負、罔顧危險、讓心裡的傷口加重，導致出現更嚴重的心理障礙。

第三，情緒是我們內心最柔軟的需要。對愛和溫暖的渴求，是深深烙印在我們的基因裡的。機器人的效率可能很高，但是機器人不可能和機器人產生情感聯結。如果我們忽視情緒，也不可能真正去愛、接受和理解自己，更不可能去愛、接受和理解別人。一味壓制自己情緒的人，並不是沒有弱點，只不過他誰都不在乎，也不在乎自己罷了。我們有時候會形容一個人：美則美矣，卻毫無靈魂。而情緒，就是屬於自己的靈魂。

這些情緒的重要性，我會在諮商時向個案一一解釋，引導他畫情緒導圖，讓他能夠更直觀地了解自己情緒的功能。

解開情緒密碼

每一種情緒背後都有特定的情緒導向、溝通作用，都傳達著某種自我需要。現在我來畫一幅情緒導圖，方便大家解開自己的情緒密碼。

以悲傷為例，悲傷的情緒導向是讓我們慢下來，對周圍的事情失去興趣；悲傷的溝通作用在於告訴自己「我受傷了，我失去了」；悲傷所傳達的自我需要就是，要給自己療傷的時間和空間。如果能夠用相對快的時間來解讀悲傷的情緒密碼，就能遠離長期的低落情緒。

害怕或者焦慮的情緒導向是讓我們「快跑、逃避、躲開」；它的溝通作用在於告訴我們「前路很黑暗，敵人未明確」；而傳達的自我需要則是「注意安全」。如果我們長期生活在一個焦慮、恐懼的環境裡，那麼情緒的反應會特別激烈，不利於理性地處理事務。

再來說說憤怒。憤怒的情緒導向是讓我們為迎戰或者順從做好準備；它的溝通作用在於提醒我們可能有一些不公平的事情正在發生；反映出來的自我需要是先盡全部力量來保護自己，然後設立邊界。

羞愧的情緒導向是「想要藏起來，不要被看見」，這種情緒的溝通意義在於「我做錯了，我讓大家失望了」，反映的自我需要則是渴望得到外界的接受和讚賞。

內疚的情緒導向是讓我們努力獲得原諒，解決問題；內疚的溝通意義在於「抱歉，我傷害了你」；而內疚傳達的自我需要是，我想要原諒自己和重新得到自己的尊重。知道了羞愧和內疚的來龍去脈，也可以更好地決定是不是要讓羞愧或者內疚來主宰你。

愉悅的情緒，讓我們想要去做更多愉悅的事情，這就是行動機制。而溝通的作用就是「這麼做感覺很好」。自我的需要則是「很滿足」，就好像心靈吃了頓大餐一樣。

愛，其實也是一種情緒。愛的行為機制讓我們願意去照顧、疼愛、表達友善、保護。而愛所表達的溝通作用是「我想要和你更親密」。而傳達出來的自我情感需要是「我不想是孤單的」。

以上的情緒導圖，是我幫大家搭出來的一個基本框架，需要你自己替這張圖添磚加瓦，最終形成你的情緒導圖。事實上，我們能夠擁有的情感體驗，遠遠比上面提到的這些基本情緒複雜得多，也就是說，我們擁有的可不只這七種武器。

我小時候非常喜歡看動畫片《花仙子》，每一集結束的時候，男主角李嘉文就會出現，送給當地人一包花的種子，解釋那種花的花語。情緒就像花，也是有含義的。知道了這些含義，就會少了害怕，多了好奇和耐心。

我們之所以害怕負面情緒，一個很大的原因是覺得自己不能控制這些情緒。但負面情緒不是洪水猛獸，用圍堵打壓的方式消滅是不會奏效的，只有耐心地聆聽它們，才能平息。

人會有各種情緒變化，就好像天氣會變化一樣。生而為人，各種體驗都是珍貴的，特別是那些痛苦和掙扎。理解內心的情緒，尊重自己的感受，是我們抵抗痛苦的重要手段。這樣一來，我們對外能設立邊界保護自己，對內能不傷害、不貶低、不輕視自己。與其期待老天不下雨，不如記得出門帶傘。接受自己的情緒，才能看清楚當下所處的真實情況，然後決定如何行動。人生的風景，不可能只有一種。彩虹，也只在雨後出現。

我們所有的經歷和體驗、對世界的感受，全部都藏在情緒密碼裡。只有自己才能賦予情緒獨特的意義。要珍惜這朵世界上唯一的花，用耐心和細心來灌溉和呵護，它才會綻放出屬於你的光芒，照亮前行的路。

2 內向性格不需要被改正

坦白說，我是一個超級內向的人。準確地說，我還是一名重度社交恐懼症患者，每一次社交都會耗盡我全身的力氣，讓我筋疲力盡。

為什麼要用「坦白」這兩個字？還不是因為外向型人格才更討喜！我記得小時候，因為害羞和內向，一直被大人叨唸，說我「放不開」「不善於交際」「不討喜」……也許他們覺得性格開朗的孩子在以後的人際交往裡會更輕鬆一點吧？這一點，嚴格來說其實也沒有錯。好比我，因為職業需要，在從事公關工作的那十年，硬是把自己偽裝成了一個外向型人格的人，每天在客戶、同事面前好似「遊刃有餘」地處理各種人際問題，在參加活動的時候更是保持高度緊張，保證每個來賓都能感受到如沐春風般的溫暖，哪怕我的內心在「咆哮」。很分裂吧？

職業生涯的這一段經歷確實讓我覺得時刻戴著假面具，但正也是因為這樣的體驗，才讓我有機會反思自己的性格，然後做出了更適合我的轉行選擇。

內向的人從小就懂得和自己相處的樂趣

內向型人格的人占據總人口的四〇%左右，按比例來說不算少了，但社會對內向型人格的了解卻遠遠不夠。其實，內向不代表害羞，內向的人也大多沒有社交恐懼症。一般來說，外向性格的人更容易表達自己，更容易展現出自信和魅力，從而得到人們的關注。相比外向型人來說，內向的性格特點就是更安靜、更謹慎、更關注內心、更喜歡思考。

如今是一個推崇表達和表現的時代，想要安靜地做自己變得異常艱難。當大家都在極力表現自己的時候，身為內向者的我們貌似錯過了很多機會。事實真的如此嗎？內向真的需要被改正嗎？我有一位個案的媽媽就是這麼認為的。

大部分的時候，我主治的是成年人的焦慮和憂鬱。這個青春期的小女生，是我見過最年輕的個案。她的媽媽覺得她個性太內向，擔心她會出現心理問題，便要求她接受心理諮商。

在取得她以及她母親的同意之後，我開始了與她一對一的諮商。能看出來她很緊張，一直在玩弄自己的手指，眼睛看著地面，也不說話。我注意到她身上有很多日本動漫小飾品，便自然而然地問她：「妳喜歡日本動漫？我小時候也喜歡看《聖鬥士星矢》呢！」她頓時雙眼發光，滔滔不絕地說了很多自己熱愛的動漫人物。

我問她：「妳為什麼喜歡動漫呢？」

她想了想說：「動漫世界有既定的規矩，黑白分明。大人的世界太假了，一點也不有趣，我根本不想參與。」

我又問她：「妳覺得自己內向是一個問題嗎？」

她聳了聳肩說：「沒有啊，全世界都可以找到喜歡動漫的同好，而且我一個人也能很開心。我能明白我媽的焦慮，可是我覺得我活得比她舒服多了。」

於是，這次諮商的結果是：她的媽媽變成了我的病人，而不是她。

你看，自得其樂這種珍貴的能力，堪稱內向型人格與生俱來的法寶，越長大越能受益。相比之下，那些從小就很外向，時刻不停地與外界互動的孩子，反而更容易產生心理問題。正如案例中的那個小女孩一樣，內向型人格的人非常喜歡和親密的朋友一起分享體驗，而對陌生人則習慣有所保留，所以他們會給人留下比較害羞的第一印象。慢熱的人，朋友不會特別多，但品質卻比較高。從心理學的角度來說，良好社交關係的評判標準就是關係的深度和時間，關係的品質永遠要比數量更可靠。

內向的人需要找到適合自己的環境

在很多人的印象中，領導力意味著擅長溝通和表達。很多公司的企業文化也宣揚這種思維方式，強調外在的因素，忽視內在的力量。由此，人們得出一個結論：內向者的職業之路，比外向者要艱難一些。

英國社會總體對心理健康更為關注，所以尋求心理諮商對他們來說是非常容易被接受的事情，就和感冒了去看醫生一樣平常。我所在的診所是許多大公司的指定心理診所，包括一些著名的銀行和金融機構，都是我們的企業型長期客戶。在競爭非常激烈的投資銀行裡，每個人都好像打了亢奮劑一樣，而內向安靜的人怎樣才能脫穎而出呢？這是我的另一個個案的問題。

這位個案是名校碩士，因為高薪，選擇了投資銀行的工作，沒想到入職後不久就飽受焦慮的折磨。他發現自己很難在人多的場合發表意見，雖然內心知道自己可以做到，但就是表現不出來。投資銀行裡生活和工作不分家的模式也讓他很難適應，下班和同事一起喝酒簡直比上班還難熬。他試圖強迫自己努力適應，但這對於內向的他來說並不容易。結果，他變得更焦慮了，睡眠品質越來越差，工作能力也開始下降。他一路走來相當順遂，一直對自己很有自信，但即便是這麼多年累積的自信，這時候也快消耗完畢了。處於精神崩潰邊緣，他開始懷疑自己。

他問我：「我到底出了什麼問題？」

我問他：「你大學為什麼要讀物理啊？在我看來，物理是最難讀的專業。」

他回答：「因為我從小就喜歡獨立思考，對我來說，最大的成就感來自挑戰既定想法，探索知識的邊界。我喜歡和自己比賽。」

我告訴他：「那你可以嘗試換一個能挑戰自己的環境啊！」能夠了解自己的內在動力，是解決問題的第一步。再加上願意嘗試，就事半功倍。

一個諮商療程之後，他告訴我，他已經和幾個大學同學一起創業了。創業是否成功我不知道，但是那時候的他明顯快樂多了。

所以，如果你的職業發展受限，不一定是性格的問題，也有可能是環境的問題。

心理學家亞當·格蘭特關於領導力的研究表明，一群內向型的人在一起，能產生的領導力和行動力，其實遠遠大於外向型領導者。團結友愛、以身作則、言出必行，這些比「朋友滿天下，知己無一人」要珍貴得多。對於內向者來說，更需要找到適合的環境，讓自己的優勢有用武之地，而不是一味強迫自己改變。反過來說，外向型的人，可能在更多領域裡都能相容共存，反而不會太在意內心真實的感受，也很容易失去遵從內心想法做出選擇的機會。

內向的「代號」是堅持

內向者確實有顯性的弱勢，比如在需要面對陌生人的社交活動中會「心累」，甚至會忍不住產生逃避的念頭。但當他們覺得環境是安全和放鬆的時候，內向的人可是一點也不害羞的，甚至還會變身成多話的人。所以，和這樣的人交朋友，往往能夠更深入，也更有收穫。

內向型人格的另一個優點就是觀察力強、自我察覺度高，很容易感受周圍氣氛的細微變化，而且善於關注細節，是個不折不扣的細節控。說實話，我自己就是名受益者，因為在做心理諮商的時候，我熱中於分析細枝末節背後的意義。人與人之間，七〇%的交流都是不用言語的，對於微表情、小動作這種社交小信號，我們天生敏感，反而會得到更準確、更重要的資訊。這一點，在溝通中非常重要。

在人生這場馬拉松中，有耐力和堅韌尤其重要，而耐力強正是內向型人格的優點之一。因為足夠專注，所以抵抗干擾能力也更強，有始有終，不會輕易中途放棄。所以，內向型的人，要記得將「堅持」的優點發揚光大哦！我們不要排斥獨處，甚至要很喜歡和自己相處，這樣才有空間和時間為自己「充電」；因為經常審視內心，所以成長機會更多；因為更懂得聆聽，所以擁有更貼心的伴侶和朋友。這些都是內向者的隱藏寶藏！

我們懂得先思考，再發言。而因為思考，言語也更有內容和力量。當然內心可能會希望自己更容易被看見、被重視，這點透過相關訓練也是可以達到的。以我為例，我幾乎不打沒有準備之仗，總是給自己充分的準備時間，知道「靈光一現」對我來說不存在，所以非常注重平時知識的累積，才有上陣後那一刻光芒的顯露，捷徑對我來說反而是長途，能明白這個道理，也就更容易自我接受。

那個在嘈雜路上戴著耳機的你，那個在地鐵上盡量保持直視而避免和陌生人對視的你，那個動不動想要把自己藏起來的你，那個寧願傳訊息也不打電話的你，那個寧願被當作沒禮貌也不願意主動打招呼的你……其實你內心的能量，可以撬動地球。

老實說，大多數人都處在外向和內向這兩個極端性格的中間，也會根據不同的社交需要而時常變換。外向絕對不是更好的性格，內向也沒有什麼不好，找到屬於自己性格的力量，並努力拓展，才是性格分類存在的意義。

3 很自卑，怎麼辦？

常常有人問我如何變得更自信，但是很少人問：應該如何與自卑相處？大家似乎覺得「自信」是一個褒義詞，「自卑」則是貶義詞，詞語本身就形成了偏見。人們讚美、渴望自信，拚命掩藏自卑，彷彿那是病菌，誰都不想觸碰，看到也假裝沒看到。可是，自卑和自信真的有那麼大的差別嗎？自信，真的等於強大有力嗎？而自卑真的就會讓你顯得軟弱無能嗎？

自信和自卑時常混在一起

我有一位個案，每次來諮商的時候都好像走奧斯卡紅地毯的女明星，打扮得精緻美麗、一絲不苟，就差保鏢開路了。可是，她來諮商的原因，竟然是對自己容貌的極端不自信。雖然她也知道很多人都會因為她的美貌而讚美她、關注她，甚至會愛上她。

她把生活的全部重心幾乎都放在「打扮」這件事情上。她已經十幾年沒有素顏出門了，連去樓下的超市買瓶水，都要化一個小時的淡妝才能出門。和歷任男朋友交往的時候，她一直是等他們睡著之後才偷偷跑去廁所，小心翼翼地卸妝，然後趕在男友醒來之前去化妝。她在極度難過的時候連哭都不敢，因為想到妝會花，就拚命忍住了。她告訴我，大家都誇她美，但是只有她自己知道，在過於精緻的外表之下，最渴望的卻是有一個人能夠愛上她的靈魂。可是問題是，連她都無法自信地愛上自己本來的樣子，又怎麼能夠渴望別人做到呢？

從這個案例中，自信和自卑之間的界限其實沒有那麼涇渭分明，有時候是很模糊的。這位個案的外貌為她贏得了關注和讚美，一定程度上增強了她的自信，但同時外貌也變成了自卑的來源之一。這份自卑，被她用妝容好好地藏了起來，然後慢慢發霉，最後占領了她的整個世界，連最初的自信也無法生存了。自信和自卑共同存在，相互影響，是因為它們都是自尊的不同表達方式。心理學上定義的自尊，也就是自我價值，是對自己的接受和喜歡程度。重點是，這是自己定義的！

如何定義自己會受很多因素的影響，比如原生家庭、學校生活、社會標準、媒體影響、大眾審美。上面那位個案之所以自卑，是因為她曾在學校裡遭到霸凌，於是變得十分在乎別人對她外貌的評價，進而形成過低的自我評價。

成長的道路上有很多坑，這些坑不需要多大多深，就足以絆我們一跤，讓自尊心摔出一個缺口，讓我們懷疑自己、不認同自己，讓自卑慢慢滋生、蔓延，最終變成一個弱點。成年之後，總想拚命掩飾那個弱點，假裝強大，努力裝作自信滿滿，但結果往往不如人意。對旁人來說，因為自卑而假裝自信其實異常明顯，不需費多大力氣就能看出來，但對自己來說，不努力假裝，又該怎麼辦呢？

挑剔和炫耀可能是自卑者的面具

你可以嘗試注意身邊那些容易暴怒和異常挑剔的人，他們都可能有著自尊心過低的問題。暴怒，很多時候是因為對自己的被重視度異常偏執，覺得不發怒就沒有人聽從自己的指令。空蕩蕩的內在支撐著張牙舞爪的面具，其實色厲內荏。

我遇見過一個典型案例。他是英國某家上市公司的ＣＥＯ，第一次來訪就給了我一個下馬威，對預約流程、櫃檯的服務乃至診所環境都很不滿意，一直嚷嚷說：「妳知道我是誰嗎？我要寫信投訴妳！」他一進入診療室就用質問的口氣問我：「妳是就讀哪間大學的博士？工作幾年了？有什麼資歷？」我微笑了一下，說：「不如我們先來聽聽為什麼你要來尋求幫助吧！」他有點不可置信，就好像從來沒有人反駁過他一樣。

進一步了解後，我發現，個案的父親也有著相似的表現。他母親是出身貴族家庭的大家閨秀，他父親卻是一名窮小子，入贅了妻子的家庭，因為害怕妻子家族看不起自己，所以總想表現得高人一等，每天擺起架子，一點點不滿意就容易暴怒，讓大家害怕。在這樣的環境中成長的個案，也覺得只有發怒才能得到尊重。然而，暴怒最終會讓親密關係遭到重創。母親離開了父親，他自己的妻子也離開了他。這也是他來尋求幫助的原因。

在心理諮商的過程中，他驚奇地發現，原來不需要大吼大叫，自己的聲音也是可以被他人聽見的。真正的自信是不怒自威，哪怕別人有不同意見也能聆聽，然後選擇接受或者不接受。在治療後期，他誠懇地向我道歉：「對不起，我之前對妳很粗魯，我小看了妳。」我說：「沒有，你只是小看了自己。」

你還可以留心那些經常貶低他人、熱中於表現優越感的人，他們的內心也有可能充滿自卑。網路的興起讓個人隱私無處遁形，生活中處處都是展現自我的舞臺。然而這種自我展示也可能是一種巨大的內耗。可能是晒跑車，可能是展示出眾的相貌或身材，又可能是有意無意透露自己在聽交響樂、追隨某個落魄的國學大師。透過表現與眾不同釋放出的優越感，背後藏著的，可能是自卑。

從心理學的角度來說，優越感是人們為了擺脫自卑而產生的一種不健康的防禦機制。就好比內心在說：「你們快點來看我有多厲害，這樣我就不用關注自己有多麼不堪。」關於優越感，最著名的故事就是國王的新衣，自以為穿了華服，其實是一絲不掛。維持表面的華麗要比看清真實的自己容易得多。

幾個小技巧，提高自尊心

不能面對真實的自己，就好比撒謊一樣，最終騙的都是自己。心理學上有一種病症叫「病態撒謊症」，症狀是一個人不受控制地在任何事上自然而然地說謊，以騙取他人相信為樂。當然這種病態的行為不多見，但是成天把黑的說成白的，死的說成活的人也不是沒有，他們有可能是出於自卑，下意識地想要替自己披上一道光，結果困在了自己的謊言裡。

許多熟悉的行為背後都藏著自卑。比如，不自覺地討好他人、覺得自己做得不夠好、討厭自己、對別人的評價異常敏感、經常會懷疑自己的決定、總是道歉、永遠學不會對別人說「不」……當世界對你冷眼相對時，你是否能夠認識到自己的價值？是否能夠看到自己身上的亮點？是否還能感到自豪？還是說，你覺得自己是個失敗者？內心對自己是喜歡還是討厭，才是自卑和自信的分水嶺。

自卑真的會讓你顯得軟弱無能嗎？也許不，它有時候還能讓你做一個看似「囂張」「自信」的自己。害怕面對真實的自我，會替自卑提供溫床。越假裝，就越看不見內心的勇氣。如果想擁有真正的自信，首先必須面對真實的自己。通常我會採取以下小技巧幫助個案提高自尊心。

第一，注意體態。身體反應的背後通常都有心理暗示。當我們感覺世界不安全時，會下意識地蜷縮，自卑的一種身體反應就是縮手縮腳。從身體上舒展開來，是最有效、最迅速的說明自己走出自卑的方式。

第二，注意聆聽。可以嘗試數三十秒再回覆，而不是馬上回覆。世界也許並沒有對你冷眼相待，而是我們「覺得」自己正在被攻擊。所以，聆聽別人的表達，也給自己聽清楚內心想法的時間和思考的餘地。

第三，對自己更友好。這是關鍵，在這本書裡我會反覆強調這點。我們和自己的關係，是敵是友，都在你一念之間。而這一念可以帶來天大的改變。改變的按鈕，就掌握在自己手裡。

這其實都是能讓你察覺並關注自卑感的簡單技巧，久而久之，就會對自卑感有覺知，透過練習，不斷地看到、認識、了解它。之後，只需要稍稍改變一下自己，將自卑變成一種恰如其分的自尊，就能夠找到一種讓你覺得舒適的狀態了。

4 自戀的B面可能是自卑

「自戀」一詞來源於希臘神話。少年納西瑟斯愛上了自己水中的倒影，最終跳入水中，變成了一株水仙花。

根據《柯林斯英語詞典》的釋義，所謂自戀，是對自己，尤其是自己的外貌體態，有著超乎尋常的關注、欣賞和愛慕。自戀可以看作自愛的升級放大版。自戀者把自己當作愛慕物件，往往對自身的重要性、能力、外表等有超常的關注。

美國的兩位心理學教授甚至給出「自戀是一種全球症候群」的結論。在網路時代，自戀的行為和自戀者確實處處可見。但也正是因為「自戀」的大眾性和普遍性，我們經常會忘了自戀的兩面性。從心理學的角度來看，自戀有著唯我獨尊的A面，也可能有著卑微的B面。

心理學界將自戀者分為外向型（自大暴露狂）和內向型（脆弱敏感型）。他們都自負、傲慢、誇大自己、只考慮自己的需求、無法同理他人，但表現形式不同。外向型自戀者很容易被識別，而內向型自戀者卻不太容易被識別。

放不下「渣男」的內向型自戀者

小時候，我住在上海的常德路，張愛玲住過的常德公寓就在我家老弄堂房子的轉角處。做為知名作家，張愛玲的一言一行都非常受關注，從描述她的一些文字來看，張愛玲有著很明顯的自戀型人格，她對自己的寫作能力有著強大的自信。張愛玲曾經在《天才夢》裡寫道：「我是一個古怪的女孩，從小被目為天才，除了發展我的天才外別無生存的目標。」把自己看作天才，無疑是一種自戀。對作家來說，這種強大的自信是很常見的。然而，在面對胡蘭成的時候，張愛玲卻寫出了「見了他，她變得很低很低，低到塵埃裡；但她心裡是歡喜的，從塵埃裡開出花來」這樣有些卑微的話。是不是和我們平時所理解的自戀不太一樣？

那是因為，自戀型人格有著唯我獨尊的Ａ面，也有著內向靦腆甚至卑微的Ｂ面。其實把內向型自戀稱為脆弱型自戀更合適一些。因為他們的內在自我都非常脆弱。脆弱型自戀人格是非常難以察覺和確診的心理障礙。從表面上看來，他們害羞、謙虛、焦慮，但是有著非常脆弱的自我，必須透過其他人的評價或者事業的成功來得到滿足。他們通常會在暗地裡覺得自己很有天賦、非常特別、與眾不同，有著別人看不到的超能力。對於這種脆弱型自戀人格來說，任何批評都是人身攻擊，對他們的自我價值來說可能是「致命」的；會覺得命運特別不公平，覺得大家不夠珍惜他，覺得自己被誤解、被耽誤、被蹉跎；對自己「出人頭地」有著迷的自信，覺得自己遲早會閃耀，內心十分渴望走上舞臺中央，獲得大眾的矚目和青睞，擁有燦爛人生。

在行為上，脆弱型自戀人格具有付出型的特徵，他們會熱中於慈善，喜歡幫助別人，但目的是為了提升聲譽，獲得更廣泛的認可。而當讚賞無法匹配他們的付出時，就會開始抱怨，甚至憤恨其他人不夠了解、珍惜、照顧、愛護他們。之所以如此，其實都是內心的自戀在作祟。脆弱型自戀人格喜歡指責別人，站在道德制高點上指出別人的不足，也更願意用極端的犧牲方式來展現自己的高尚。

我有一位個案雅米，因為感情受傷來接受心理諮商。她和男朋友在一起七年了，期間經歷了男方數次出軌和家暴，男友還有酒精成癮的問題。因為這些問題一再出現，雅米的家人和朋友都看不下去了，多次告誡她，但是她就是不願意分手。

為什麼「渣男」能夠一再罔顧邊界，肆意傷害雅米呢？雅米為什麼這麼痛苦也不想分手？

在諮商的時候，雅米告訴了我答案——因為她堅信自己就是唯一能夠拯救男朋友的「真愛」。出軌和家暴都是男朋友一時荒唐，而只有她才能解決男朋友的所有問題。她問我：「為了他，我和親朋好友都斷絕關係了。每次他喝醉吐得一塌糊塗，都是我去清理的；他出軌，也是我來善後的。我唯一的要求就是和他結婚，但是他不願意。他說他離不開我，但是每次又傷害我。我知道我們是真愛，但是為什麼要受這麼多折磨？我就是太善良、太心軟、太在乎他了，只要他能得到快樂，我犧牲一切也可以。我也知道他根本配不上我，可是沒有了我，他要怎麼辦？」看到這裡，大家發現什麼了嗎？雅米所有的自白都是「我、我、我」。她被自我犧牲所打動，已經完全不在乎對方的表現了。她渴望的結果是結婚，但是過程如何已經不重要了。

希望這個案例能夠讓大家明白，當我們被一段關係反覆折磨，不能解脫的時候，其實解開手銬的鑰匙就在我們手裡。雖然很艱難，但你必須走出來。因為，痛苦也會成為習慣，讓人上癮，特別是用「犧牲」來自我麻醉的時候。

在雅米的這段感情中，因為她內心脆弱，渴望在情感中被仰視，在選擇伴侶時，就會下意識地尋求需要「被救助」的對象。「我一切都是為了你，我做了這麼多，我辛苦了這麼久，我犧牲這麼大，可是你（你們）總是讓我失望。」「人間不值得，因為人間根本配不上我的好。」脆弱型自戀人格的內心大多都迴響著這樣的話語，這也是他們很難在一段關係裡感到滿足和愉悅的原因之一。

自戀，無論是強勢的A面，還是卑微的B面，通常都是要掩蓋自己脆弱的內心。之所以會有脆弱的內心，大多是因為沒有被好好呵護、被溫柔對待、被重視關懷，在有邊界又溫暖的環境中成長。

雅米的父母是大學教授，他們醉心於工作，愛學生勝於愛自己的獨生女，但同時對雅米的要求又非常高。在這種忽視情感需要又期待很高的環境下長大，雅米永遠覺得自己不夠好、人生不值得，不相信自己會被愛，除非犧牲自我。同時，她也把父母這種高期待投射在自己身上，覺得有能力去改變他人。其實，對於真正愛你的人來說，不需要做什麼就是珍寶；對不愛你的人來說，即使你戴著皇冠也是空氣。有些感情問題看似是情傷，其實是自傷。想走出情感惡性循環，就要先治療自己。

你不需要特別，就足夠珍貴

自戀這個標籤，其實沒有想像中那麼可怕，也不完全是負面的。每個人都需要一定程度上的自戀，才能察覺自己獨特的生命意義。美國哈佛醫學院教授克雷格．馬爾肯對自戀頗有研究。他認為，自戀或者感覺自己很特別是情緒必需品。在兒童和青少年時期，自戀是一種非常重要的情感安慰劑。內心想像自己的特別，才有動力去創造新世界。世界的一些重大改變，也確實是因為一代代的熱血青年相信自己的與眾不同，從而闖出一片新天地。但是，不是每一個人都應該去改變世界，當好一顆螺絲釘也很重要。一個在情感上成熟的人，能夠明白自己的珍貴，但不強求全世界的贊同。

我學到的心理學知識，讓我摒棄了許多曾經擁有的偏見。和自戀一樣，偏見人人也都有。了解一下偏見和自戀的行為動機，發現背後的淵源，就可以找到我們和別人的關聯，從而提升同理心能力。美國社會心理學家布芮尼・布朗曾經說過：「同理心在於告訴你，你不是孤單的。」這句話我也非常感同身受。無論你經歷著什麼，被貼著什麼標籤，你不是孤單的，你的痛苦值得被看見。你不需要特別，就足夠珍貴。

無論你曾經經歷了什麼，或者正在經歷什麼，你永遠擁有當下的力量和彌足珍貴的自己。你的人生，永遠有機會重啟。

5 自憐：我真倒楣，我渴望被拯救

誰都有過這樣的時候吧：覺得自己特別倒楣、無助和可憐。好幾次被客戶罵得狗血淋頭，半夜悲慘加班時，我都不由得哀嘆：「我太可憐了，如果有個人能來保護我，不讓我被客戶罵，不讓我加班到凌晨三點，該有多好！」但其實在公關公司，這是非常普遍的工作狀態，也是每個職場新人必須經歷的成長過程。幸好當時的我沒有沉迷在「渴望被拯救」的戲碼裡，要不然也不會有今天的我了。

「我一生渴望被人收藏好，妥善安放，細心保存。」這句話一度很流行，但是有人照顧和憐愛，你就能找到幸福和快樂嗎？好像很多人都是這麼認為的。「催婚」「單身狗」這些熱門詞彙都是社會在告訴我們：一個人如果缺失了他人的照顧和憐愛，是一件很可憐的事情。

我的一個個案，四十出頭的女人，事業成功，獨立自強，但一直沒有找到如意伴侶。最近她覺得沒有家庭和孩子這個缺憾很嚴重，有時甚至懷疑自己的整個人生都很失敗。於是開始瀏覽各種約會網站，不願意錯過任何一次約會相親的機會，甚至把自己一直堅持的「擇偶標準」一降再降。但結果並不如意，還損失了一大筆金錢。經歷了一系列打擊，婚姻這件事突然就成了她人生繞不過去的坎，她開始變得自怨自憐、鬱鬱寡歡，直到對一切都失去了興趣。她覺得自己是一個不幸的人，命運也不可能改變了。曾經每個週末都打扮得光鮮亮麗出去赴約的她，如今整天穿著睡衣，抱著紅酒和冰淇淋癱在沙發上，看著身材日益臃腫的自己，她更覺得沮喪，連公司也不想去了。她的好朋友實在看不下去，才鼓勵她來尋求心理諮商的幫助。

我問她：「妳獨自過週末的時候，會想什麼呢？」

她說：「我會想自己真可憐，那些非單身的朋友才不會孤孤單單地過週末呢！他們一定在公園陪孩子，或者去電影院約會了。不像我，連寵物都沒有。」她經常會一個人一邊喝酒一邊哭，覺得命運不公平，覺得一定是自己不夠好，才連個伴侶都找不到，整個人都陷入了心灰意冷的狀態裡，覺得自己青春不再，一生都蹉跎了。因為內心很失望和難過，她越來越離不開酒，之前只是週末喝點，現在是每天回家就默默喝完一瓶酒，好讓自己快點睡著。時間一長，她的工作效率也受到了影響。老闆已經找她談過幾次話，說如果再這樣下去，下一次的資遣名單上就應該會有她的名字了。

她覺得自己是孤軍奮戰的一個人，沒有人陪伴、保護，也沒有人可以依靠。就這樣每天自我憐惜，已經耗盡了全部的精力，也失去了思考的能力。然而，她只是難過，卻一點也沒有從中得到成長。

自我可憐的四大危害

自我可憐（簡稱自憐），從心理學的角度來看有四大危害。

第一，情緒自困。自憐在我們和我們的生活目標中間築了一道高牆，讓我們看不見目標，從而困在了無助的狀態中。在上面的案例裡，個案就是覺得沒有將來，已經浪費了一生。這裡，她用的是過去式，而過去是無法改變的，所以對她來說，任何努力都是徒勞。過去失敗的相親經驗，讓她不願意再做新的嘗試，這樣的反應是非常正常的。但是我們努力，僅僅是為了成功嗎？還是我們努力，是因為我們享受奮鬥的過程？是不是一定要把別人的回饋和自己的動力聯繫在一起？她在失敗的相親中是不是也曾經得到過愉悅感？這也是我在諮商裡讓她思考的問題。

第二，自憐會讓我們不停地和別人比較。比較，是很多糟糕情緒的直接起因。我的個案看到了別人的快樂，卻忘了那只是生活的一面而已。孩子帶來的不僅僅是歡笑，還有尿布、無休止的哭鬧、自由的喪失和沉重的責任。而擁有伴侶更不等於快樂，一段感情的維持需要雙方極大的妥協，中間還可能夾雜著無數衝突。所以，與其羡慕、嫉妒別人的生活，不如過好自己的生活。

第三，自憐會讓我們失去自省的能力。自我可憐，會讓你覺得自己非常特別。當然，我們都是特別的。但是，我們在某一刻的痛苦體驗，在整個人生中來說，其實並沒有那麼重要，對吧？更何況，當覺得自己的痛苦「天下唯一」的時候，也會封閉自己，不想尋求幫助，因為覺得這個世界上沒有人會了解自己。托爾斯泰曾經說過：「幸福的家庭都是相似的，不幸的家庭各有各的不幸。」但是從心理學的角度來看，大部分人的痛苦，其實起源都是非常相似的。如果能夠自省，不但能明白自己的痛苦，在面對別人的痛苦時，也能更加有同理心。

最後，就是自憐會在不經意中讓我們成為情緒勒索者。「你看我已經夠可憐了，所以全世界都應該體諒和遷就我。」而當這個世界不「體諒」你的時候，憤怒就會油然而生。我難過，所以我不需要履行承諾；我痛苦，所以你必須順從我。這其實是一種情緒勒索。沒有人喜歡被勒索，所以自憐的你，朋友會越來越少，而你會覺得，整個世界都很冷漠。如果想擺脫困境，就要知道，命運完全掌握在自己的手裡。越困難，就越要掙扎，而不是被泥沼淹沒。

慰藉自我時也別停止思考

自憐並不等於自愛。什麼才是自愛呢？是瘋狂購物嗎？畢竟，大家都喜歡在購物的時候把「對自己好一點」的藉口掛在嘴邊，「女人要對自己好一點」，而好一點的標準就好像只剩下購物了。用一大堆的物質來填充自己，真的能把這點「自憐」填滿嗎？說實話，我也喜歡購物。博士畢業的時候，我買了一份昂貴的禮物來獎勵自己。但是，我也非常清楚，購物只不過是一種非常淺薄的獎勵方式，它和自愛還是有著非常大的區別的。

自愛，從心理學的角度來說，就是尊重、接受和原諒自己。你的努力、優秀、堅持需要被尊重；你的嘗試、妥協、難堪需要被接受；你的痛苦、放棄、失敗需要被原諒。在生活中，你就是自己最好的朋友，你需要聆聽、善待、照顧自己，而不是等著別人來聆聽、善待和照顧你。

那句話怎麼說來著？「我一生渴望被人收藏好，妥善安放，細心保存。免我驚，免我苦，免我四下流離，免我無枝可依。但那人，我知，我一直知，他永不會來。」So what？那又怎樣呢？不來就不來，並不耽誤我們好好愛自己吧？有個志同道合的伴侶確實不錯，但也別忘了代價。人生如果只是等待，時間會過得很慢，因為被動，不是嗎？自我可憐也是一樣。而自愛，是在心裡裝一個小馬達，在遇到大風浪時或許會減速，但絕對不會熄滅。

自愛是一個非常大的話題，也是我們人生中必修的功課。下面這些提醒，可以讓你開始自愛的旅程。

第一，我們要停止和外界比較。馬上，立即！我們從別人身上，永遠不會找到自己的光芒。

第二，放大你努力的過程，而不是努力的結果。還記得那次朗誦比賽雖然沒有得獎，但是你努力克服了害羞走上臺的感受嗎？對的，不要太在意結果，但是努力享受跨越障礙的過程，這才是最終跑起來的動力。

第三，學著面對真實的自己，從外在到內心。可以是素顏一天，也可以是寫下自己內心脆弱的想法，然後說我可以，一時半刻做不到，也沒有關係。真實的你，就是最美麗的。

6 別把脆弱當成弱點

在很多人看來，「脆弱」是一個帶有負面含義的詞語。然而，在美國休士頓大學教授布芮尼．布朗看來，脆弱不只是恥辱和恐懼的根源，也不只是我們為自我價值而掙扎的根源，它同時也是歡樂、創造性、歸屬感、愛的源泉。我們面對脆弱的最佳途徑，不是麻痹、否認與排斥，而是去感受它、感激它、接納它，與它共存。我們在這本書裡反覆強調的「察覺你的內心」，通常也是從允許自己脆弱開始的。

布芮尼．布朗是我非常喜歡的一位美國社會心理學專家，寫過多部暢銷書，她本身也是一部「脆弱」的教科書。她一直活到二十多歲都找不到自己的興趣所在，一直以做餐廳服務員為生。她三十歲才從大學畢業，後來又繼續攻讀了社會工作碩士和博士學位。如今，她是休士頓大學社會工作研究院教授，專注於羞愧和同理心的研究。在一次採訪中，她提到了自己和心理諮商師之間的談話。因為焦慮，布朗開始接受心理諮商。心理諮商師讓她用幾個詞來形容自己，她列了一個清單：完美主義者、苛刻、總是拿自己和別人比較、非常在意名次、工作太多，沒有樂趣、總是害怕，不想有弱點，希望能夠無懈可擊。

為了達到這些反脆弱的目標，她變得十分焦慮和緊張。她希望透過心理諮商變得更富有創造力，擁有更多的生活樂趣和更多交流，以及變得更真實，這些改變都需要她直面自己的脆弱。經過一年的治療，她慢慢打開了自己的心房。過程艱難且痛苦，還伴有自我貶低和難堪，但最終她得到了成長，也找到了願意畢生為之努力的研究課題。

痛苦的意義，是讓我們找到勇氣

什麼是脆弱？我們來看看以下場景。

一名中年男性，被工作二十年的公司裁員，在治療室裡痛哭失聲。

一名成功的職業女性，為她在大學裡受到的性侵而充滿自我懷疑。
一個曾經飽受父親酒後暴力的男子，因為自己酒精成癮羞愧不已。
一名經歷過四次流產的母親，擔憂著下一次的人工授精手術。
一名受到霸凌的中學生，因為沒有保護自己的能力而絕望。
一名厭食症病人，體脂率只有一〇％，依然覺得自己是胖子。
一名剛離婚一年的婦女，在重新開始約會之前忐忑不安。
一名出軌的丈夫，在祈求妻子的原諒。
一名母親，因為被家暴而來求助。
一名女性高階主管，在工作中不斷受到性別歧視，決定起訴公司。

這些都是我的諮商室裡真實發生過的場景。人生確實很艱難，對任何人都不例外。這些場景中都有一個共同的情緒——脆弱。那種下意識的害怕，夾雜著羞愧以及想要逃避的感受，集結在一起，就是脆弱。

脆弱的英文源自拉丁文的「傷口」，所以這個詞本身就帶有傷害、痛苦的意味。當你真正去面對這些傷口的時候，才能看見傷口背後的自己。痛苦最終的意義，是讓你找到潛藏其中的勇氣！

對親密關係的渴望，是人類基因裡的深刻銘印。被看見、被尊重、被需要、去給予、去連接、去感受，這些深層次的情感需求，是客觀存在的，哪怕你不願意承認。加州大學洛杉磯分校的社會認知神經科學教授馬修·利伯曼一直致力於研究人類和社會之間的情感聯繫。他的最新研究表明，人類之間的情感連結就像我們最原始的饑渴需求一樣，必須得到滿足，否則就會變成無法承受的孤單和痛苦。而最緊密、最親近、最真實的情感連結，是需要彼此打開心扉的。生活以及情感本身，存在著太多不可控性，脆弱原本不可避免，所以我們要擁抱它。

只有正視脆弱，才能回歸內心

布芮尼·布朗教授把脆弱定義為：情感的風險、情感的表達和流露，以及不確定性。她指出，脆弱不是弱點，它驅動著我們的日常生活。

很多人都被問過這樣一個俗套但沒有標準答案的問題：「你會選擇一個你愛的人，還是一個愛你的人？」這道題成了戀愛婚姻的必考題，但題目的背後，表達的無非是我們害怕無謂的付出，更害怕受到傷害，擔心自己的愛徒勞無功。所以無論是在工作上，還是在感情裡，我們習慣了計算得失，把人生過成像一本記帳本。到最後，也許你的記帳本上略有盈餘，但卻逐漸失去了最寶貴的東西，那就是發自內心，真誠的情感連接。

脆弱絕對不是弱點，而是讓你找到真實和勇敢的一條正途。只有面對人生的不可控，面對自己的失落和害怕，才能看見自己內心的掙扎，然後學會取暖。同理心、愉悅、創造力和愛，在這個時候才有機會生根發芽，然後長成人生溫暖而堅實的大樹。

脆弱與勇氣是一體兩面的。真正的勇氣，並不意味著要成為無所畏懼的戰士，而是能夠正視自己的脆弱，並且坦然地接納。其實，正視脆弱是一條回歸內心的道路，唯有如此，才能找到一路向前的力量源泉。脆弱也不等於將自己的要害暴露在大眾面前，更不是用來逃避責任的藉口。每個人都有傷，這是成長中唯一無可避免的，也是在未來生活中必須努力面對的。你可以選擇用厚厚的粉底將傷疤掩蓋起來，然後繼續扮演完美的自己，雲淡風輕地指點人生，也可以耐心、細心地看見傷疤，學著安撫、接受、打開自己，越過羞愧，建立真實的情感紐帶。

羞愧是脆弱的果實，它會帶來無力感，而真實是羞愧的最大剋星。越假越羞愧，越真越坦蕩。假裝，也許能夠帶來某種意義上的成功，但從心理健康角度來說，失去自己的代價更大。特別是當你習慣假裝成別人時，想要找到自我也就越來越難了。

未曾在深夜裡痛哭過的人，不足以談人生

有一個人在三十三歲的時候，忽然想要轉行做心理諮商師。經過兩年多的精心準備之後，終於被倫敦的一所大學錄取了。當時的她，對未來信心滿滿，覺得離自己理想中的職業生涯只有一步之遙了。沒想到就在第一個學期，學校就給了她兩個下馬威。

博士課程有一份作業：將一節實習諮商課程錄音（當然要取得個案的同意），然後從整個治療過程中抽取十分鐘的內容，逐句分析，寫成一篇報告。她再三斟酌之後，選擇了自認為能夠完美呈現自己能力的一段錄音分析報告，交了上去。出乎意料的是，作業沒有通過。導師對作業的回饋是：只有技巧，沒有情

緒，並且聽不到諮商師的同理心。

與此同時，她的另一份實習作業也沒通過。那份作業需要她將諮商的過程拍攝成影片，她因為過度緊張而顯得特別嚴肅，所以結果可想而知。

她本以為一切會很順利，卻沒想到第一個學期就過得如此艱難。接二連三的打擊，讓她對自己的職業選擇產生了重大懷疑。當時的她同時還是名新手媽媽，需要面對來自家庭和身分轉換的各種挑戰。多重打擊之下，她完全失去了繼續讀下去的信心。

那一年的耶誕節馬上就要到了，正是闔家歡樂之時，她卻完全迷失了自己。她大哭著打電話去學校詢問如何退學，然後被告知現在退學也拿不回學費，但是可以申請在耶誕節假期之後參加補考。而且，只要能完成第一學年的學習，哪怕退學也能拿到個碩士學位。

抱著讀完第一年就退學的心態，她開始重新寫作業。這一次，相比開學時的意氣風發，剛剛遭遇巨大挫折的她，對個案的痛苦掙扎也更能感同身受。她將諮商技巧放在了次要位置，把自己內心的情緒投入其中。作業寫得很痛苦，因為將自己的脆弱和缺點展示出來就已經非常困難，更何況是逐字逐句地分析。但是，正是因為這次重寫作業，她才真正明白心理諮商職業的意義。她深切地體會到，成長必須是用失敗來打造的。一年之後，她並沒有退學。第三年，她成了全班第一個畢業的博士生，也是第一個來自中國的心理諮商博士。

你們應該猜到了，這是我的故事。我不覺得我的失敗是可恥的，同樣，也不認為我的傷疤是一種瑕疵。但這些領悟，也是我透過面對自己的脆弱和失敗才得來的。在以後的人生裡，我也會繼續積極面對一切，努力去嘗試，哪怕對結果完全沒把握。未曾在深夜裡痛哭過的人，不足以談人生。對於這句話我的理解是：因為人生很難，所以難免痛哭，也更需要同理心和理解。而擁抱脆弱的意義，就在於此。

7 對立性思維會讓我們墮入深淵

隨著年齡的增長，我們需要背負的東西也越來越多，感受到的壓力也越來越大。不可否認，我們處在一個焦慮的時代——因為外界的壓力；我們還處在一個焦慮可以被販賣的時代——因為巨大的利益。

不久之前，我看到一則社會新聞。一位母親為了讓孩子上心儀的學校，不惜被校長「潛規則」。丈夫知道了之後想要舉報校長，卻被這位母親阻止了。她覺得自己的一切行為都是為了孩子，舉報會毀了孩子的未來。

可能不同成長背景的人，看到這則新聞的感受也不一樣。我個人的看法就是「恐懼有利可圖」。這句話出自美國作家麥克斯·布魯克斯，放在這裡無比貼切。恐懼滋生巨大焦慮，而焦慮會帶來瘋狂，從這位媽媽身上就可見一斑。但其實，如果你仔細思考就會發現，這些焦慮很大一部分來自非黑即白的絕對化思維方式——舉報孩子就等於毀了孩子的未來，所以為了孩子就應該付出一切。這些描述裡都帶著絕對性和因果性，沒有任何迂迴和緩衝過程。所以，她覺得為了孩子，自己必須要這麼做，完全沒有考慮到其實還有其他的選擇。

什麼是對立性思維？

下面的這些話，不知道你是否會覺得熟悉：

- 我真失敗，總是一事無成。
- 只有和他在一起，我才能幸福。
- 我再也找不到像他這麼愛我的人了。
- 如果沒有這份工作，我就一無所有了。
- 我丈夫從來不懂得關心我！
- 如果得不到這份工作，我就什麼工作都找不到了！
- 現在不買學區附近的房子，孩子以後就不能上學了。

・孩子上不了重點小學，以後一輩子就毀了。
・反正一輩子也不知道興趣所在，不如每天混日子。
・我怎麼也瘦不到六十公斤以下，我就是一個死胖子。
・反正長得醜，再怎麼化妝也沒有用。

說話者之所以會說出這些話，是因為他們的思維方式有一個共同點：具有對立性。把「一直」和「從不」掛在嘴邊，是對立性思維（黑白思維）的重要特徵。不成功則成仁，勝者為王敗者為寇，這些我們熟悉的成語，其實都是對立性思維的表現。

任何捷徑，都是長途

對立性思維的最大問題，是看待問題過於簡單、粗暴、快速，非黑即白，不是A就是B，從而限制了自己。但是，人生的每個關卡真的只有「是」或者「不是」這兩個選項嗎？

對立性思維是一種思考的「捷徑」。為什麼會產生這種捷徑？還是小孩子的時候，我們缺乏分析和表達的能力，在我們看來，自己的世界是黑白的，我們的表述和當時的情緒緊密聯繫在一起，尚未受到教育和道德的影響，想到什麼就說什麼，想到什麼就做什麼，不會進行理性的思考。小時候看電視或者電影，總會問大人：「這個人是好人還是壞人？」在幼小的我們眼裡，世界只有兩種人：好人和壞人。我們希望好人有好報，壞人有惡報。蘇聯心理學家維高斯基將這種純情緒的思維方式定義為「原始思維」。

然而，長大成人的我們，需要面對複雜多變的世界，如果我們的思維方式依然由「原始思維」主導，我們的人生選擇就會非常有限。大部分時候，我們面對的不再是簡單的、非黑即白的兩極世界。如果一味用黑白來界定人生，就很容易產生極端的想法。比如：我永遠不會快樂了、我永遠不會成功了。而那條新聞裡的媽媽，也許真的相信，如果她不這麼做，孩子的一輩子就完了。但是，孩子若要成才，真的只有這一次機會嗎？除了被潛規則之外，難道沒有別的方法可以讓孩子得到好的教育嗎？這些才是我們應該思考的問題。

非黑即白，只看黑的

對立性思維的另外一個危害，與大腦總是會更關注「黑化」的一面有關。在進化的過程中，我們習慣於更注意「危險信號」，因為只有這樣才能提高生存的概率。而當事情只有黑白兩個選項的時候，我們會傾向於往不好的一面去想，擔心「黑」，防禦「黑」、焦慮「黑」、恐懼「黑」。而深諳這一套的商人們（包括新聞裡的校長），就利用恐懼來獲取利益。

麗茲是一位剛上大學的女生。她第一次離開家獨自生活，非常不適應。從小城市來到大都市的她有點自卑，感覺自己有點格格不入。她在諮商中斬釘截鐵地對我說：「學校裡沒有一個人願意和我做朋友！」帶著這種想法，她封閉自己，也不想主動結交朋友。本來性格開朗的她，卻當起了宅女，把自己整天關在宿舍裡。久而久之，她內心反而確定了自己最初的想法：我交不到朋友。

類似的想法，我在做心理諮商的時候見過很多：上司就是針對我、我肯定無法升遷、同事都不喜歡我、行銷我做不來，公司一定會開除我……看不到自己的優點，也看不到向上的動力和目標，然後故步自封，導致自己畏縮不前，從而無法成長，是對立性思維方式的危害之一。

對立性思維還會讓我們失去同理心能力，無法接受不同的意見。網路上戾氣之所以這麼重，其實也是因為有些人受對立性思維的影響，固執於自己的意見和想法，不願意聽到不同的聲音。在諮商中，我也經常碰到這樣的思維固化。有一次在諮商中，我正向個案闡述真正的愛是有邊界的，她當下就說：「我不同意。」然後馬上走出了諮商室，再也沒有回來過。其實不同觀點的碰撞，是了解自己內心的良好方式。

非黑即白的對立性思維，會讓我們過度關注負面資訊，過度追求完美，總是挑剔、苛求自己，導致自信不斷降低，陷入自我貶低、自我可憐的情緒裡。它甚至還會引發一些心理障礙，比如憂鬱、焦慮甚至邊緣型人格障礙。

消除對立性思維的幾個辦法

既然對立性思維方式危害這麼大，那我們應該如何應對呢？以下提供一些小技巧。

第一，自我察覺。找到自己思考的行為模式，當聽到自己說「一定」「肯定」「只能這樣」「沒有選擇」等詞彙的時候，要在心裡給自己打一個小問號，從而發現問題。

第二，尋找「白」的證據。不要凡事只看「黑」的一面，也要學會看到「白」的一面，然後學著接受「灰」的一面。

第三，從第三者角度來看待問題。跳出自己的思維方式去看待問題，總會讓你有新的發現，提供新的選擇。當你思維受限的時候，也可以嘗試問別人。

第四，不要被情緒帶歪了。我們尊重自己的情緒，但也必須學會思考，不能讓「原始思維」主導我們的思維，有情緒的時候盡量不說話、不做決定。

第五，學會擴大情緒的詞彙量。比如在痛苦和快樂兩極之間，可能存在著無限多的形容詞，比如平靜、安寧、滿足、掙扎。

世界是彩色的，而不是黑白的。我們又不是熊貓，為什麼要活在黑白世界裡？不要將自己困陷在兩極世界裡，這個世界是複雜的，也是五彩繽紛的。跳出困住你的思維惡性循環，才能看到更廣闊的天地。

8 期待是怨恨的源頭

美國作家安・拉莫特說過：「期待是怨恨的源頭。」只要你用心觀察，你就會發現這句話在生活中不斷被驗證。無論是對別人的期待（伴侶、父母、朋友），還是對自己的期待（一定要馬上瘦、一定要馬上美、一定要升官），都很容易帶來不同程度的失望甚至傷害。

期待落空為何常見？

發展心理學家皮亞傑在觀察兒童成長時期的心理發展時發現，小孩子經常分不清楚客觀現實和主觀意識之間的不同。他們覺得自己是無所不能的，因為一哭一鬧，就會有人來滿足自己的需要。這也叫「嬰兒的全能自戀」。根據皮亞傑的理論，這種對自己主觀意識的擴大，會讓小孩子覺得他們的想法也有著無上的能力。比如，和小朋友吵架之後對方摔倒了，那麼另一個小朋友會覺得對方摔倒是因為自己生氣了。又或者父母吵架了，小孩子也會有「因為我做錯了什麼，他們才吵架」的想法。皮亞傑把這種「一切都是因為我」的想法稱為「魔法思維」。而皮亞傑認為，隨著孩子的成長，以及社交活動的發展，從孩子七歲左右起，這種「我可以掌控世界」的想法會逐漸減少。

但事實卻是很多人哪怕長大了，也依然會有這樣的困擾。也許是我們內心或多或少都住著一個小孩子，雖然現實一直給我們棒槌，我們還是會期待「奇蹟的誕生」。這就是為什麼我們忍不住去期待，同時還暗自渴求自己希望的一切可以如願。但是我們也不要忘了，年幼的我們，其實沒有足夠資源和能力去改變環境，能夠依靠的只有「魔法思維」。而做為成年人的我們，要清楚明白最終能夠帶來改變的，不是「我想要」，而是「我去做」。

當我們把期待放在別人身上，帶來的問題就更多了。美國賓夕法尼亞州立大學心理學教授詹森在研究社交性期待值的時候發現，很多時候，人與人之間的期待，都是建立在隱形的社交規則之上的。

我的一名個案吉娜最近升職了。本來是喜事，但沒想到因為這次升職，她和十幾年的閨密的友情卻產生了裂縫。吉娜本以為她和閨密會一直互相支持、互相鼓勵的。前幾年閨密失業，吉娜一直努力幫助她，除了聽她訴苦之外，還為她積極聯繫獵頭公司。經過一番努力，閨密終於找到了如意的新工作，吉娜也很為她開心。

但是，當吉娜把自己升職的消息告訴閨密的時候，她只是冷冷地說了一句：「妳確定自己準備好了嗎？我覺得妳還不夠格。」吉娜當時就覺得很受傷，內心很失望。

吉娜來找我的時候說：「我本來期待她會和我一樣高興，我們可以一起去慶祝一番，但她竟然這麼冷漠，我真的太傷心了。」

在這裡，隱形的社交規則就是在吉娜看來「我這麼做了，所以妳也應該會這麼做。」然而，她的好朋友可能並不這麼認為。這種錯位的社交規則界定導致的期望落空，其實在生活裡很常見。即使是相濡以沫的利益聯合體——夫妻，也存在著這樣的問題。

孩子出生之後，露露辭去了工作，當起了全職媽媽。她非常捨不得工作，但是內心又覺得自己要為家庭做出犧牲。同時，她以為丈夫會看到並感激自己的付出。然而，在一次次被丈夫忽視之後，內心的不甘被徹底引爆。有一次吵架的時候，丈夫說：「妳每天沒事做還和我吵架，真是吃飽撐著。」

在諮商中回憶起這件事的時候，露露一直在哭。她以為丈夫會明白放棄事業是巨大的犧牲，而實際上，在丈夫的理解裡，她不用工作，是一種清閒甚至是享受。「我盡心盡力為家庭付出，所以你應該會感激。」這是露露和丈夫共有的潛臺詞，都覺得自己才是付出的那一方，但付出沒有得到對方的感激，甚至是尊重，內心的期待就會落空，然後就感到失望和怨恨。然而，有多少伴侶在結婚之前就能商議好對彼此的期待和付出呢？如果不把自己的「期待」和願意付出的「代價」好好理清楚，那麼這種隱形的社交規則就不會被遵守，而期待也會一再落空。

接受心理諮商之後，露露明白表達自己需求的重要性。並不是你想的，就是對方想的，而別人也不是都必須應該有強大的「讀心術」去解讀你內心的需求，遵守你們之間「隱形的社交規則」。換句話說，我們根本不應該去抱有這種「魔法思維」。

社會對女性的期待，女性對自己的期待

二〇一七年，美國布萊德利大學的一項心理學研究表明，社會對女性的要求更高，尤其是在「無私和奉獻」方面，遠遠超過對男性的要求。

對於女性，這個社會有很多隱形的要求，人們期待女性是女超人，能工作、會持家、懂溫存、孝順、堅忍……最重要的是，做到這些也是不夠的，還必須要時刻面帶微笑，任勞任怨。仔細想想，別說女人，就算是機器人，也很難同時具備如此多精良的素質，更何況這裡面很多要求還是互相矛盾的。但是，最糟糕的其實不是社會給女性添加的額外社會要求，而是隨之形成的價值觀帶來潛移默化的影響，讓我們對自己的要求也越來越苛刻。

我們身邊很多女性，特別是媽媽們，一輩子都在付出，卻從來沒有被他人看見。慢慢地，她們就變成了我們熟悉的「充滿怨氣的女人」。那些一直被忽視、最終落空的期待，就在一點點的雞毛蒜皮裡演變成了「刀子嘴」。她們沒有辦法

正視自己的內心，所以她們會說：「為什麼你們不能尊重我、感激我？憑什麼總是我犧牲，憑什麼總是我付出？」因為她們下意識地想要做一個社會意義上的好女人，那就是一個不能抱怨的女超人。同時，她們也並不明白這種所謂的犧牲帶來的內耗有多大。

化被動為主動

期待落空會導致失望和憤恨，那我們要如何處理這種無法避免的「期待」問題呢？

對內，我們要把期待變成目標。目標，是可以細化然後步步為營的，而期待本身則是被動的。相比之下，目標更容易實現。不期待天降大餅，不期待有貴人出現改變你的生活，你要做的是設立小目標、大目標，短期目標和長期目標，一步步做出改變。比期待更激動人心的，是你的成長，不是嗎？

對外，需要我們在內心設立邊界，不斷地去表達自己的意願。只有把隱形的社交規則放在檯面上討論，使之成為一個顯性的話題，我們才有可能知道對方內心真正的想法，從而矯正自己的期待值，獲得對等的溝通，平等的互利。

美國女作家諾拉．羅伯特曾經說過：「如果你不追求，你永遠不會擁有；如果你不要求，你永遠會被拒絕；如果你不前進，你永遠停步不前。」只有那些願意主動掌握命運的人，才能夠永不止步，永遠向前。

9 女性有野心是個缺點嗎？

我曾經有一個個案，她符合一般人對女強人的一切想像：幹練、效率高、升職快，不到三十歲已經是公司的高級經理。做為前途無量的職場人，她的強大大家都能看到。但和她的「強大」如影隨形的，還有她的焦慮。特別是在職場人際關係上，她被這種焦慮折磨得厲害，覺得走投無路的時候，才來尋求心理諮商的幫助。

每一次和我諮商時，她都表達對人際關係的焦慮，比如：「我是不是看上去太強勢了？」「這件事我處理得是不是太冷酷無情了？肯定會得罪人吧？」……這些問題其實都指向了一個主旨：怎麼樣才能成為一個大家都喜歡的溫柔女強人？她想要大家喜歡自己，與所有人保持一種和諧融洽的關係，但是心裡又十分清楚，想要有好的職場發展，想要升職，就必須更冷酷無情一點，這就勢必會得罪人，她也不可能讓所有人都滿意。是做一個讓大家都滿意的濫好人，還是憑藉自己的能力爭取升職，在心裡變成了一個解決不了的難題，讓她焦慮不已。我問她：「妳為自己的野心勃勃很不好意思嗎？」

她想了想，回答說：「因為女孩子從小接受的教育就是要乖巧、溫柔和聽話，而『野心』兩個字代表著強勢、咄咄逼人，我不想給人這樣的印象。」

我相信，對「野心」的害怕，不只是她一個人的問題。沒有多少女人願意用「野心勃勃」來形容自己，包括我自己在內。

二〇〇四年，美國精神學專家安娜．費爾斯在《哈佛商業評論》雜誌寫了一篇反響很大的文章，題目為〈女性缺乏野心嗎？〉她在裡頭寫道，做為一名精神科醫生，她能看到很多病人內心不為人知的祕密，女性個案往往會把「野心」小心翼翼地隱藏起來，不想讓別人知道，包括最親近的人。這樣的情況我在心理治療中也見過不少。我幾乎從來沒有見過一名女性個案說她渴望成功、金錢、權力、名望，倒是很多男性個案會大方地表達自己的野心。對女性來說，野心甚至可能比性更難以開口表達。

野心的真面目

女性如果表達出野心，通常會引起非議。當紅的娛樂明星也難逃這樣的命運。在網路上搜索「章子怡」，總能看到這樣的評論：「對於國際章始終無法喜歡起來！或許是因為她那張寫滿欲望與野心的臉吧，著實讓人喜歡不得。」「很多人不喜歡章子怡，因為她太過好強要狠的個性，而中國人向來不讚美欲望，尤其是這種從小就把『野心』寫在臉上的女人。」范冰冰也曾因為「把野心穿在了身上」——穿著龍袍出席活動，遭到了媒體的口誅筆伐。

雖然內心渴望，能力也足夠，但是公開地表達「我要的更多」的渴求對女性來說依然很困難。我們害怕談論野心，那是因為野心代表著去爭取、去拿來、為自己，而女性從小被教導要溫柔和付出，所以女性的野心特別容易和自私、自大、自戀、掌控他人、為達目的不擇手段聯繫在一起。

但野心的本來面目並非如此。

野心，是由兩個簡單部分組成的：擁有自己獨特的技能，以及憑藉這種技能而得到矚目和認可。讓我們回想一下自己的童年，有沒有因為唱歌、跳舞、運動、成績而得到過表揚？這些表揚是一種非常直接的認同。能力越強，表揚越多，動力越大，能力更強，這是弗洛伊德所說的內心驅動機制，也是野心的本來面目。在成年人的世界裡也是一樣的。我們依然渴望得到認同，然後更加努力地提高自己。隨著能力提高，希望被矚目的平臺也更高，這就是成年人的野心。可惜的是，長大之後我們越來越難得到直接的認同。

有多少女孩子在成長中聽到過這樣的「教誨」：「女孩子要乖一點。」「女孩子要文靜一點。」「女孩子不要太張揚。」《紐約時報》的一篇報導曾經寫過，今天的女性大多仍被教導順從，她們應該惹人喜愛，應該矜持被動。而男性會因為他們的冒險和勇敢得到讚揚，缺少這樣的勇氣則會被稱為娘娘腔。性別固化其實從我們很小的時候就開始了，比如我們買芭比娃娃給女孩子、買變形金剛給男孩子的時候。這些都在潛移默化地告訴女性，如果表現得更溫順，就更容易得到表揚；如果變得「野蠻」（其實是自我），就會被排斥。

在教育方面也是一樣，例如「邏輯思維、數理化都是男孩子的強項」，所以我們哪怕努力取得了好成績，也會被告知「妳不要驕傲得太早。」「妳不要太容易自滿。」無處不在的限制導致許多女性習慣性地躲在舞臺後面。但是，如果妳不走到舞臺中心，怎麼可能被別人看到？不被看到，怎麼可能得到認可？不得到認可，怎麼會表達野心？

有心理研究表明，女性在同性之間能展現出更好的競爭力。在一所全部為女性的學校或公司裡，女性更願意不遺餘力地尋求榮譽和認可，哪怕那樣的行為會被認為具有侵略性和不友好。從這一點上看，傳統的女子學校，因為沒有性別的對比和過早固化，女性的力量可能更容易被彰顯。

聽話的女孩在學校裡、職場中、家庭內，可能都是好學生、好員工和好媽媽，但是她們可能缺乏冒險精神、創造力和自信心。我們不要忘了，這也是野心的重要構成因素，但是這些因素從小就被壓制，沒有得到很好的發展。

何處安放女性的野心？

《戀愛必勝守則》是一本曾經風靡美國的暢銷書，登上過《紐約時報》暢銷書排行榜。作者艾倫·費恩和雪莉·史耐德分享了她們久經考驗的約會技巧，給出了三十五條黃金準則來幫助女性打造完美約會，找到她們的真命天子。這本書希望女性能好好把握性別優勢，參考書中的建議，把自己最佳的一面展現出來，同時也仔細發掘對方的優點，最終步入婚姻殿堂。

這三十五個準則中包括：不要像和閨密在一起那樣放肆，在約會的時候不要放聲大笑，別說太多話，溫柔地看著他，仔細地聆聽他說話，讓他想像妳會是支持他的溫柔妻子。這本書告誡其他女性：妳只需要假裝這樣做，直到妳真的有這樣的感覺。

難道做為女性，結婚生子就是我們人生中最大的成就了嗎？在這個多元化的世界，我們應該期望更大的選擇餘地，與性別無關，卻與理想和自我成就有關。結婚生子可以是成就，野心勃勃、位高權重也可以是榮耀。

本文開頭提到的那個不想給人留下強勢印象的個案經過認真的思考，覺得雖然結婚生子也很好，但她承認自己現在更想野心勃勃地發展自己的事業。我覺得，她無論怎麼選擇都滿好的。

10 老去帶來的，不只有焦慮

我的年齡焦慮開始得很早。二十五歲我就開始心慌：工作不太順利，感情也沒有著落。到了三十歲，年齡焦慮就更要爆炸了：工作雖然不錯，但自覺老了、胖了，臉上開始有皺紋了，最重要的是還沒有結婚，簡直無顏面對江東父老。雖然現在想起來那些焦慮有點可笑，但是對當時的我來說，卻是真實有感的。我每天都好像能聽到時鐘「滴答滴答」飛快前進的聲音，每天的狀態就像在趕火車，深怕自己遲到了。

隨著經濟和科技的發展，人類壽命逐漸延長，對衰老的恐懼卻越來越提前了，女性更容易因為外貌衰老的跡象而產生焦慮。一項英國的研究表明，女性大概在二十九歲時便開始擔心衰老。我了解到的實際情況是，有不少個案為了抗衰老，不到二十歲就去打肉毒桿菌。

而衰老，真的有這麼可怕嗎？為了抵抗衰老，女性願意付出什麼樣的代價？讓我的一位個案告訴你。

永遠停留在二十歲

凱蒂來諮商的目的比較特別，她並不覺得自己有什麼問題需要幫助解決，只是希望能有人不帶批判地傾聽自己的心聲，讓她有機會卸下面具，說點真心話。

美豔的她，走進診所的第一句話是：「妳猜猜我幾歲？」我下意識回答說：「為什麼？」（心理諮商有一個業內小訣竅，就是要透過提問來找到事實，所以「為什麼」是我在諮商中最常用的詞語之一。如果一個心理諮商師在做諮商的時候，只知道滔滔不絕或者故作神祕，不會提問題，基本上可以對他的能力打個問號。）她會問我這個問題，就意味著年齡對她來說有重要意義。

果不其然，凱蒂對年輕有著執念，同時也很早就開始「經營」年輕了。她的做法，就是謊報年齡。二十歲的時候說自己十八歲，二十五歲的時候說自己二十歲，到了三十歲，依然聲稱自己二十歲。她所有的人生規畫都只有一個目的：停留在二十歲。為了不被戳穿真實年齡，一開始她將朋友嚴格分類，絕對不能讓同學和後來結交的朋友認識。後來變本加厲，每過幾年就換一批朋友，牢牢記住自己編造過的經歷。

這麼做的話，工作怎麼辦？畢竟工作上講究資歷和經驗，不能一直換公司。這點她也早就考慮到了——她從來沒有正式工作過。對她來說，工作的唯一目的是接近有錢人，然後飛上枝頭變鳳凰，用自己的年輕美貌換取最大的經濟利益，這是她老早就設定好的人生道路。一開始，這條路她走得非常順暢，憑著膚白貌美大長腿很快實現了階級跨越，過了有房車豪宅的日子。可是這條路勢必越走越窄，因為年齡的增長是不可逆轉的，再美貌的女人也會人老珠黃。因為美貌而愛上你的人，也很有可能因為你不美了而拋棄你。和時間抗衡，必然輸得徹底。

這位個案為了維持一個二十歲的假象，付出了喪失正常社交生活的代價，沒有固定的朋友，很少和家人聯繫，在歷任男朋友面前需要打起精神小心應付，身邊連一個可以說真話的人也沒有，只有在每週一個小時的心理諮商時間裡，她才能做回自己。這麼做值得嗎？設定的這條路真的走得通嗎？看似是捷徑，其實是長途。因為她也知道自己錯過許多風景，包括真實的情感紐帶。人生不是百米衝刺，快速到達目的地之後呢？還是有長途要去跋涉的。

女性產生年齡焦慮的原因

凱蒂之所以會產生走捷徑的念頭，除了個人原因，也和當下大眾審美的單一化有關。女性價值的單一化和整體社會對衰老的歧視，都是女性產生年齡焦慮的原因。

大眾審美對「少女感」的追求已經到了盲目的地步。無論什麼年齡階段的女明星，一律以「少女感」為最佳褒獎，無論是十八歲、二十八歲，還是三十八歲，無論是單身、戀愛中，還是已婚、產後，都以「少女感」為美。在這樣的環境中，人們當然無法正常看待衰老這件最自然不過的事情。

形容美麗的詞語很多，請不要受困於「少女感」。如果可以，我會希望用「少年感」來形容自己。少年感，無關容貌，有關向上；無關年紀，有關動力；無關性別，有關嚮往。我希望自己可以保持向著陽光往前走，興致勃勃、興高采烈，甚至有點傻的樣子，哪怕到了八十歲也是如此。這是我對自己的憧憬。真正的美好是允許變換的，是層次豐富的，絕對是流動的，而不是僵硬的。多元化和多面性，是美好的試金石。

女性價值的單一化，體現在女性的價值緊緊地和婚姻價值捆綁在了一起，年齡大往往就意味著沒有婚姻市場價值，這導致女性產生年齡恐慌。我們是不是應該反思一下，女性難道像罐頭一樣，生下來就有保鮮期，過期了就應該下架？

老去其實並不等於衰退、病弱、沒有吸引力，但正面案例在媒體上和身邊都難得一見。在身材和美貌成為焦點的年代，我們都忙著害怕老去，卻忘了思考老去的意義。抗衰老產品廣告層出不窮，就是吃定了我們害怕老去這點。但從出生第一天起，就已經開始變老了。變老的課題伴隨我們一生，如果一直為此感到困擾，那我們豈不是要無止盡地擔心了嗎？當社會把衰老「病態化」的時候，更要去看年齡增長的紅利，人生任何階段都有得有失，老年也是一樣。研究表明，隨著年齡增長，我們可能更懂得自己的內心，更少在意他人的評價，可以更隨心所欲地活出自我。

前面提到的個案在諮商了幾次之後，就沒有再出現了。她最後一次來諮商的時候問我：「妳介意我問妳幾歲嗎？」我說：「當然不介意，因為我沒辦法對我的年齡撒謊。」當時的我剛讀完博士，肯定不會太年輕，可是我也真的不介意。三十歲時，我曾經很焦慮，對自己很失望，但也正因如此擁有了突圍的動力，最終找到了自己真心熱愛的事業。今天，四十歲的我沒有絕望，反而充滿希望。三毛曾經說過：「來不及認真地年輕過，就認真地老去。」我很喜歡這句話，認真地老去，不是也很好嗎？

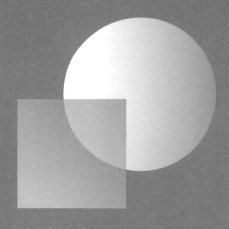

Chapter

3

重拾邊界感，做回眞實的自己

1 邊界感：健康關係的前提

任何一種關係，如果缺乏了邊界感，就不可能健康。但建立和別人之間的界限，特別在家庭關係裡，通常極其困難。下面這位個案就是因為這個問題來尋求心理諮商的。

他幾年前來英國讀完碩士之後，順理成章地找到工作並定居了下來，同時也在同學裡找到了伴侶，建立了小家庭，慢慢扎下根來。可是，做為家中獨子，而且父親早逝，他內心覺得愧對母親，所以不久之前將母親也接到了身邊居住。沒想到，這導致他和妻子之間產生了巨大矛盾，妻子甚至抱怨他簡直就像變了一個人。家庭和諧不再，日日爭吵，他失眠、焦慮，工作表現大打折扣，這才被人事部門推薦來接受心理諮商。

他看到我也是中國人，第一句話就是：「尹博士，妳也是中國人，妳一定能理解我，百善孝為先。我媽難得來這裡，我當然一定要順著她，妻子不能理解我，老說我媽管得寬，還說我是媽寶。我媽習慣圍著我轉，從小就這樣，現在也是衣食住行無不盡心，媽媽心疼孩子不是應該的嗎？我妻子真是太不懂事了！」

這種對話，可能在很多華人家庭中每天都在上演。自己和自己的邊界，自己和妻子之間的邊界，自己和母親之間的邊界，妻子和母親之間的邊界，如果不去設立，其實都可能是家庭裡造成矛盾和痛苦的隱憂。

什麼是邊界？

「邊界」這個概念，是美國塔夫茨大學心理學教授歐尼斯特・哈特曼在一九八九年提出來的。良好的邊界感是基石，有了它才可以創造互相尊重、互相支持、互相關懷的環境，幫助內心成長。良好的邊界感也是一道屏障，它可以將那些讓你窒息、讓你羞愧，過度挑剔你、過度貶低你的關係拒之門外，保護內心不受傷害，維持心理健康。擁有良好的邊界感是自尊的體現。當我們越接受自己、越堅定自己、越尊重自己，我們的邊界感也就越強。

我在寫博士論文〈中國文化對心理健康的影響〉時發現，中國家庭內部的情感邊界普遍不太清晰。從文化上來說，中國社會的主流思想是集體大於個人，而家庭教育方面，依然是以權威式教育為主。中國父母更注重孩子是否聽話、乖順、對父母無條件地尊重和孝順，而孩子獨立思考的能力、生活自理能力、性格、情緒掌控能力，在很多家庭是被完全忽視的。這樣就會造成孩子的財產化，孩子變成了父母的私人財產，而不是獨立的個體。父母把孩子看成是物品，而不是真正的人。「你是我的孩子，你就應該聽我的話！」「你是我的孩子，我怎麼對你都是為了你好！」……類似這樣的想法在父母看來竟然是天經地義的。

將孩子物化的另一個表現就是父母對孩子不自覺的控制欲。孩子成年之後，他們還在嘗試窺探和控制孩子的生活，用愛的名義讓孩子服從父母的安排和計畫，只有服從父母的才是好孩子，不服從的就是不孝子。

還有一些父母，把自己的問題怪罪在孩子身上，讓孩子承受了不屬於他們自己的錯誤，比如婚姻的不幸福是孩子的錯等，這是嚴重缺失邊界感的表現。有一些人甚至覺得，既然是家人，就不用控制情緒，即使是家庭暴力，那也只是「家事」，他人無權過問。在這種思想的影響下，一些外人眼中的「濫好人」，對內卻只會欺負自家人。「濫好人」回到家裡後，會展現自己的真性情，將在外面受到的委屈全部釋放在家人身上。很多相對傳統的家庭中，家人之間是沒有明確界限的，在這種環境下長大的孩子想學習設立邊界就會非常困難。所以，在類似的心理諮商中，還是要解釋邊界的重要性。

我問前面那位個案：「在你心中，是當個好丈夫重要還是有兒子重要？」他說：「當然是兒子，血濃於水啊。」我又問：「那麼當你真的有了自己的孩子之後呢？是你的父親重要，還是親生兒子重要？都是血親啊！」聽了他愣住了，陷入了沉思當中。這個問題當然沒有標準答案。而從心理諮商的角度出發，這個問題的目的是說明個案打破思維界限，開始重新思考和定義各種關係。其實我們每分每秒都有多重身分，需要時刻去調整和改變，最重要的是要把自己列為首要選擇。

無論親情、愛情，還是友情都需要界限。對父母的孝順，不應該只有順從一種表達。母親一個人在倫敦，缺乏自己的生活圈子，語言上也有困難，對現在環境的不熟悉導致她下意識地想和兒子更親密，卻無意中將兒子的妻子孤立了。而母親的過度干涉也令兒子不能成長，不能承擔親密關係中的責任，反而退化成了媽寶。

在明白界限的重要性、多次反思孝順的意義之後，他和母親以及妻子之間的關係慢慢發生了改變。他也行動起來，幫母親更好地融入當地環境，報名了華人社區的很多活動。老人忙起來，干涉自然就少了。不久之後，他迎來了自己的小寶寶，也將再次調整自己的邊界。看，邊界是流動著、改變著的，而不是固定的、嚴格的。所以，懂得當下的邊界需要很重要。

下面這個小測試來自英國家庭治療中心網站，不妨自行測驗一下，你現在的邊界感有多強。如果對這些問題的回答「是」多於「否」，那你可能需要加強自己的邊界感。

- 我覺得拒絕別人非常困難。
- 在每一段關係裡，我都習慣付出，然後被傷害。
- 我渴求有一個能讓我快樂的人出現。
- 我更習慣滿足他人的需要，而忽略自己的需要。
- 我遇到事情時常常不夠堅定，也不敢發出聲音。

・我很害怕提出任何要求。
・別人向我借錢、借東西，但是經常不還。
・我對自己的情緒不算很了解，也覺得自己缺乏堅定的意見，做決定對我來說比較困難。
・我經常感覺焦慮和擔心。
・我會習慣性地對身邊最親近的人發脾氣。

沒有邊界就沒有健康的關係

在英國讀心理諮商博士期間，按規定，我也必須接受六十個小時的心理諮商。當我抱著完成學校任務的心態做完心理諮商後，發現自己其實也有邊界問題。

因為父母不在身邊，我從小就只能在不同的親戚家裡借住。因為戶口的問題，我只能以借讀（指因故離開戶籍所在地而寄居他處，並在寄居地暫時入學就讀。）的形式上學。當時的上海住房非常緊張，時間一長，親戚難免會埋怨。後來，母親再婚了。一連串的事情，導致我有很強烈的「我是拖油瓶」的自卑感。成長環境讓我很早就懂得對人察言觀色，希望自己能乖一點，讓大家不要嫌棄自己，會帶著刻意討好大人的心態去做很多事情。年長之後，這種思維方式和習慣依然伴隨著我，無論是在工作中還是感情裡，我都會習慣性地掩飾真實情感，甚至覺得自己沒有資格表達不滿。但長期的壓抑，也會帶來反彈——不能控制自己的怒火，從而會傷害最親近的人。

發現問題之後，我運用心理學知識逐步學會了設立邊界。現在，我已經能夠堅定地表達意見，堅決地說「不」，更加注重自己的情感需要，忽略外界的影響。我是如何學習設立邊界的呢？美國心理學家亨利·克勞德和約翰·湯森德提供了一些方法。經過實踐，我覺得實用有效。

第一，把生活中讓你感覺不舒服的人際關係列出來，然後理清楚自己被冒犯的點在哪裡。這個環節需要你具備自我察覺的能力。

第二，有意識地說「不」。對於不想做或者做不到的事情，要果斷地拒絕。

第三，保持冷靜，特別是當對方發火的時候。這一點很重要。你可以選擇冷處理，走開，不要直接對話，因為情緒太激烈的時候最容易出口傷人。

第四，堅定不移。設定界限不容易，只有堅持才會有效果。

第五，最重要的一點，對自己的情緒負責，而不是讓其他人來負擔。

只有在設立了清晰、堅固的邊界之後，才能建立健康的關係。在健康的關係裡，你會感到安全，可以擁有隱私，你是被尊重和聆聽著的、被讚賞的、是有價值的，你可以拒絕而不擔心後果，你是被保護著的。

我們內心天然渴望著溫暖、包容的情感。有一天，我問我的孩子：「你知道媽媽很愛你，對不對？」才五歲的他毫不猶豫地說：「我當然知道啊！」我說：「你怎麼知道呢？」他說：「因為我想起妳的時候，心裡是暖暖的。」對，好的情感一定是溫暖的，這是我們天生就能感受得到的，不要忘了這種本能的感受。如果一段關係雖然打著「愛」的旗幟，但卻讓你感覺羞愧、被壓抑、被貶低、被忽視、不被尊重，請記得鞏固自己的邊界。

2 爲什麼愛會令我窒息？

因為感情問題，凱莉和她的母親大吵了好幾次。凱莉的男朋友是一位藝術家，但是她的母親覺得他沒有前途，反對他們在一起。母親表態說：「如果妳要和他繼續交往，以後就不要指望我給妳任何幫助，我可不想為妳的錯誤承擔責任。」說到後面，母親越說越激動：「妳一點都不考慮我的感受，明明知道我身體不好，還故意做一些愚蠢的事情讓我生氣！唉，我怎麼會有妳這麼糟糕的女兒！我的人生真是太不幸了！妳和妳爸爸一樣，都是不知好歹的傢伙，對你們再好也沒有用，只會傷我的心！」

從小到大，只要凱莉做了不順母親心意的事情，母親就會像上面這樣訓斥她。因為不想讓母親生氣，她只好事事妥協，讀什麼大學、念什麼科系、和什麼樣的人交往，都是改變了自己原本的決定，順從了母親的意願。

再來說一個真實案例。貝卡是一名穿著精緻的職業女性，在一家醫院擔任高階主管。她遭遇了十幾年的家庭情感冷暴力。因為收入比丈夫高，一直受到丈夫的冷嘲熱諷：「妳別忘了自己是誰，不要覺得自己錢賺得比較多就了不起，還是得盡妻子的義務，多做家務。」吵架的時候，丈夫會恐嚇她：「妳想離婚？如果離婚，我就帶孩子們走得遠遠的，讓妳永遠見不到他們。如果敢惹我生氣，我就傷害孩子！妳根本不敢告訴別人吧？別人才不會相信妳。再說，妳忍心讓孩子沒有父親嗎？」

在這樣的控制下，貝卡覺得自己每天都生活在恐懼之中。她和孩子每天活得小心翼翼，生怕踩到巨龍的尾巴。即使這樣，有一天丈夫還是當著孩子的面打了她，還打了孩子——因為孩子想要保護她。直到這個時候，她才想到自己應該尋求幫助。她無助地問我：「我是不是做錯了，是不是不該把家醜外揚？」我說：「親愛的，妳做得很對，妳很勇敢。但是，我現在必須解除我們的保密協議，聯繫妳的家庭醫生和社會福利機構。至於要不要報警，要看他們的決定。妳同意嗎？」和個案之間的保密協定，在談話內容中因為有兒童被傷害事件而自動解除。諮商一開始，我都會強調保密協定的重要性，因為一旦保密協議被解除，會有一系列的相關措施來保護當事人和孩子的安全。後來，貝卡在社會福利機構的保護下，帶著孩子及時搬去了新的住址，並申請了限制令，開啟了離婚程式。

貝卡說過一句話，讓我印象非常深刻：「我一直不敢說出來，是因為連我自己都覺得不應該這麼做。我受過高等教育、工作能力優秀，我早就可以離開，可是我怎麼就做不到呢？」我想了想說：「因為不是每個人質都知道自己被綁架了。」

一觸即發的情緒勒索

本篇文章就來和大家探討情緒勒索這個問題。我們分析一下兩個案例的共通點：凱莉一再順從母親心意，是因為恐懼（如果我不順從，母親會不再照顧我、愛我）、義務（母親身體不好，我有義務照顧母親的情緒）和內疚（母親的不幸福都是我造成的）；而貝卡忍讓丈夫這麼多年也是因為恐懼（身體被傷害，孩子被帶走）、義務（做為妻子和母親的義務）和內疚（如果我的孩子沒有了父親，那就是我的錯）。

恐懼（Fear）、義務（Obligation）、內疚（Guilt）是美國心理學家蘇珊・福沃德博士提出的情緒勒索理論的三要素。福沃德博士提取這三個要素的首字母，將它們合稱為「情感迷霧」（FOG），用來形容被勒索者的心情很貼切。

恐懼的威力，毋庸置疑。恐懼時我們身體緊繃，心跳加快，感官敏銳。長期處於恐懼之中會產生巨大的焦慮，遭受心理折磨。

義務感很容易被利用。人類起源時就是群居狀態，需要彼此說明才能生存。為了滿足社會的需要，義務感深深地烙印在我們的基因裡。

內疚也是情緒勒索的利器。當我們拒絕別人的時候，哪怕不是自己的錯，也很容易產生內疚感，提供給別人一個情緒勒索的好機會。而透過引發內疚得來的一時順從，不會帶來親密，只會讓雙方更疏離。

情緒勒索在生活中十分常見，因為恐懼、義務、內疚都是內心最原始的情緒，我們會有意無意地利用這些情緒武器。因為處在一個劇烈變化的世界裡，所以會越來越渴望提升確定性和可控性，而情緒勒索就是控制一個人的有效手段。

比如：

· 你要是離開我，我就去死。
· 如果你愛我，你就不會晚上和朋友出去了。
· 你不借我錢，我們就不是朋友了。
· 我們都在加班，你也應該加班。
· 你這成績對得起我們為你付出的辛苦嗎？
· 你非要氣死我是嗎？我都是為了你好！

這些話的背後都藏著這麼一層意思：要得到我的愛、支持、關注和金錢，你就必須滿足我的「條件」，而違逆我的下場則是：我將收回我的愛、支持、關注和金錢，甚至還要懲罰你、傷害你。

那麼，被情緒勒索者的內心感受會是什麼呢？簡單來說，就是無望、無助、無能，最後放棄抵抗。被情緒勒索者往往習慣為勒索者的行為辯解，也會為自己的不作為找理由。比如：

· 算了，還是不要讓他生氣了。
· 他的需要更重要。
· 他是真的關心我，為我好。

・做人還是不要太計較了，我要看開一點。
・我不想他傷心，所以還是算了吧。
・如果我反抗了，說不定更受傷害。

義務和內疚都是我們內心獎勵系統的一部分。所以，當我們滿足了勒索者的需要之後，心中甚至會產生「我是好孩子、好女人」的想法。獎勵把精神繩索越勒越緊，逐漸讓人喪失自我。

不讓情緒勒索成為祕密

如果你察覺到自己正處於一段被勒索的情感關係裡，無論是親情、愛情、友情，還是工作關係，希望你能記住：不要讓自己孤立，情緒勒索一旦成為祕密，就沒有人能夠守護你。一段健康的關係，一定是允許有不同意見存在的；一段健康的關係，也是不需要犧牲的。兩個人的共贏，才是良好關係的根本。

當你覺得到情感被勒索，要學著為自己鬆綁，擴大朋友圈，結識更多人，保持穩定的生活習慣，開始設立邊界。每一次感到被恐懼、義務和內疚挾持時，不妨多思考一下，避免讓「義務」變成習慣，更不要因為「內疚」而付出。當然，最重要的是尊重自己的感受，無論它多麼微小，都要聆聽自己內心的聲音。

情緒勒索理論的發起者蘇珊．福沃德博士是美國著名的心理諮商師，曾經寫過很多有影響力的著作，代表作有暢銷全球的《原生家庭》。她已經八十多歲了，依然在美國加州執業，閒暇時去世界各地講課。是我非常欽佩的前輩，也是我內心嚮往的榜樣。她十五歲時被自己的父親性侵，母親軟弱而不作為，這些事對其自尊和自信產生了巨大影響。她上大學的時候學的是戲劇，為了擺脫家庭，大學一畢業就匆匆結了婚。結婚八年，生育了兩個孩子之後，第一段婚姻就結束了。第二任丈夫在蜜月結束後，開始對她和孩子實施家庭暴力，一直持續了十五年。經過一番掙扎，決心尋找痛苦的意義。年過三十的她開始在加州大學洛杉磯分校攻讀心理學碩士學位。博士畢業時，她已經四十四歲了。因為自己的經歷，專注於幫助女性自我成長，成了一名出色的心理諮商師和暢銷書作家。

蘇珊說過的一句話給了我極大的力量，放在這裡與大家共勉：「好的愛是溫暖美好的。不會讓你感到內疚、害怕或者失衡。」而我們，值得最好的愛。

3 越內疚，越疏離

還記得小時候做錯事，被家長或者老師大聲訓斥嗎？長大以後，你是否有工作上出錯了被老闆數落的經歷？還有談戀愛時傷了戀人的心時，是不是會覺得自己特別糟糕，無地自容？這種感覺，就是內疚。

當我們做了讓自己產生羞恥感的事後，內心會感到自責，受到外界責備後，自責就會演變成內疚。大多數人都是多少帶著點內疚成長的，因為內疚也包含正面意義：讓我們時刻保持警醒，做正確的事。

可是犯錯之後感到內疚的人真的會改進嗎？

自己造成的內疚

有一天，我的診所來了一位個案。他一走進診間，我就聞到了一股刺鼻的酒精味。當時是下午四點，誰會在大白天把自己喝得像一個行走的酒桶呢？我仔細打量他，他的手指因為長期抽菸已經被燻得焦黃，衣領上有汗漬，褲子也有點不合身。他看到我，立刻帶著哭腔說：「尹博士，救救我，我妻子要離開我了！沒有她，我活不下去，請妳一定要提供我一個補救方法。」原來，他被結婚二十多年的妻子發現出軌，妻子執意要離婚。這麼多年來，他一直忙於工作，在家裡就是個光指揮別人做事，自己都不做的人，連襪子在哪裡都不知道，孩子目前就讀幾年級也不清楚。妻子完全像個全職保姆一般照顧著他。結果，他卻利用職務之便和同事發生了婚外情。

他十分清楚，自己對不起妻子，也清楚自己離不開妻子。越是清楚，越是內疚。時間一久，他內心完全崩潰，便來尋求心理諮商的幫助。在診療中，他還哭著對我說，只要能挽回妻子，他什麼都願意做。

內疚通常是因為某個特定行為而引起的，比如說出軌。我們因為自己的行為違背了自己或別人的期望，便產生了內疚感。內疚也是一種緊張的情緒，它包含著後悔和對自己的憤怒。這種不愉快的感受有時候會讓我們產生暫時的行為上的改變。就好像這位個案一樣，在內疚的鞭笞下，他想要尋求改變、回歸家庭、挽回妻子，看上去非常想改變的樣子。但是，成功改變的概率有多大呢？我們來看一下內疚情緒的真實面目。

拿這位個案來說，他並不知道自己出軌時所得到的放縱快感，和出軌後由於內疚而產生的強烈痛苦感，其實都來自大腦中的同一個獎勵系統。相殺相愛、相煎太急，是滿足短期快感和維護長期自律之間的永恆戰爭，而內疚就是這場戰爭的產物。

每一個自我放縱的行為背後，都有著雙重意義——快感之後，往往緊隨著痛苦；而痛苦之後，會有平靜帶來的快樂。第一口蛋糕的滋味，無比甜美，短暫而強烈的愉悅感會使腎上腺素爆發。可是這種快感結束之後，等待你的則是對健康的擔憂，以及破戒後的內疚和自責。這些煎熬的痛苦，其實比快樂要頑固。

這位個案在諮商時說，每次出軌他都感到內疚，想著這是最後一次了，他再也不背叛妻子了，要做好丈夫、好爸爸。但是每一次回到家裡，都覺得平淡、無聊。他說：「我覺得我在扮演一個好丈夫的角色，根本撐不了多久，然後只需要一個小藉口，就會故技重演，甚至變本加厲。」那是因為，和快感的獎勵機制密不可分，內疚做為內動力來改變行為，每一次都會同時消耗「我渴望」和「我自律」這兩大原動力。想像一下，你的大腦一直在超負荷運作內疚這波複雜的操作，當然很容易當機。這也就是出軌可能會變成一種習慣的重要原因。

做為情緒勒索工具的內疚

內疚是無法被完全避免的，因為人類進化至今，內疚感就是人類形成道德約束感的起源。事實上，品行端正是社會對大多數人的最基本要求，而自我約束的機制之一就是內疚。大家都以為引起別人的內疚，會促使別人做出符合自己期待的行為，因此內疚也很容易成為情緒勒索的工具。

「我這麼辛苦，不都是為了你。」「沒有你，我才不會受罪！」「我都這麼累了，你就不能體貼一下，真是沒良心！」「我這麼做都是為了你好！」……這些話是不是聽起來也很熟悉？好像每個家庭中都有那麼幾個處處「為你好」的長輩，所以你要聽話，不能拒絕也不能懷疑，還必須感恩。多少我們想要嘗試的小念頭，就是因為那句「為你好」悄悄熄滅，然後再也找不回來了。「為你好」也許是真的，但內疚感的餘波會毀滅一個人的一生，這也不是開玩笑的。

英國華裔演員嘉瑪．陳出生在英國移民家庭，她從小就喜歡藝術，但父母一再告誡她萬般皆下品，唯有讀書高。從牛津大學法律系畢業之後，她發覺自己還是最喜歡表演，拒絕了一家大律師行的錄取通知後，到了倫敦藝術學院進修。為了支付高昂的學費，她還在餐廳兼職打工。為此和父母產生了極大的矛盾。在一次採訪中她說：「在沒做出成績的那幾年，我對父母非常內疚，因為他們反覆對我說，是為了我才移民到英國的，花費了那麼多的心血，不希望看到我只是去餐廳做個打工者。在他們的期望裡，我應該是律師事務所的合夥人，而不是掙扎生存的演員。」後面的故事大家都知道了。她出演了《瘋狂亞洲富豪》裡的富家小姐，成為好萊塢最有代表性的亞裔女演員之一。她選擇了對父母的期望說「不」。

人生的樂趣和價值還是需要自己去界定。你需要有很強大的內心，才會對他們說：「謝謝，但是我不要。」

如何不被內疚感折磨？

內疚感如果不被好好聆聽和理解，就會無聲無息地蔓延，左右我們的一舉一動，也會讓我們喪失理性解決問題的能力。透過引發內疚得來的一時順從，會讓關係變得沉重，內疚無助於親密關係，最終得到的都是疏離，甚至是憤怒。滿足他人的期望其實不難，難的是一輩子滿足他人的期望，壓抑自己的內心需求。

上面我們列舉了兩種不同成因的內疚，一種是自己犯錯後產生的內疚，另一種是被別人情緒勒索時產生的內疚。如何不被內疚折磨，這個問題應該分情況討論。首先來看第一種。

第一種情況下，自我接受是能夠真正啟動內在變化的核心能源。在吃下那口冰淇淋之後，先別急著後悔和怪罪自己，而是帶著理解告訴自己：「我今天真的太累了，需要那點甜蜜撫慰自己。但是我知道，更好的安慰是一個良好的生活習慣，下次，我們一起來試試看吧！」看，就算犯錯了，相比一個苛刻的自我，一個關懷的自我更能鼓勵自己承擔責任，聆聽他人，接受回饋，最終進步和成長。

前文裡的個案在一個相對封閉的寄宿學校長大，缺乏對親密關係的正確理解。在治療過程中，他慢慢去了解自己，重新定義親密關係。最後，他接受了妻子的離婚決定。因為他意識到，這些年自己在婚姻中扮演的一直是被照顧者的角色，根本沒有成長。如果他想要獲得穩固的婚姻，首先需要承擔起丈夫的責任，要先嘗試成長起來，而不是每次一感到內疚就立即去尋求改變。

過了很長一段時間，他來複診時告訴我：「我現在開始自己做飯、熨衣服、教孩子做作業了，也成功戒菸戒酒了，希望我還有機會挽回妻子，讓她看見我的改變。最重要的是，我發現我正在學會承擔責任，並且一步步重建自己的人生。」因為做錯事而內疚，可以嘗試自我原諒，當你跳出「快感」和「內疚」這個閉環後，會發現人生充滿無限可能。

如果是被他人情緒勒索時產生了內疚情緒，我們要怎麼辦呢？情感隔離和設立邊界是最行之有效的方法。沒有底線地去滿足他人的期望，只會造成對方更多地索取，還會失去自己成長的力氣和空間。意識到自己的情感和行為被控制時，請務必立即止損，哪怕他們是「為你好」，哪怕他們是你目前還不敢與之對抗的人，也要在心中劃清與他們的界限，並在適當的時候選擇離開和切割。總會有機會的，只要你想。

忠於自己，永遠是最難的，在任何時候都難，畢竟人生是自己的，不是嗎？

4 濫好人：爲什麼付出的總是我？

如果你曾經問過自己：「為什麼付出的總是我？」那麼，我來告訴你，答案很簡單，那是因為你不敢說「不」。因為不能接受負面評價，所以一直討好周圍的人，哪怕違背自己的本心。「濫好人」這樣的「人設」大家生活裡都不陌生吧？為什麼說是「人設」呢？因為濫好人通常是以壓抑自己內心的需求做為代價，具有這種特點的性格，在心理學上被稱為「討好型人格」。

薩拉在一家英國老牌地產公司做了十幾年行政工作，是公司元老。因為公司架構的原因，行政部門只有她一個人。她行政、人事、櫃檯一肩挑，從公司招募到印表機缺墨水，從老闆招待客戶到每年的聖誕晚會，都是她一個人搞定。她每天最早到公司給大家開門，也是最後一個離開辦公室。同事的要求，她都會努力滿足。為了讓同事休假，她經常取消自己的假期。慢慢地，她成了公司從來不休假的人，大家更是理直氣壯地占用她的時間。

如今，步入中年的她依然單身。其實，她也想有自己的生活，卻總覺得公司離不開她、同事離不開她、老闆離不開她，便一直努力堅持著。直到有一天，因為母親生病，她想請假回家照顧媽媽，公司以架構調整為由把她開除了。更讓她傷心的是，她為公司付出了那麼多，她的告別宴卻根本沒有幾個人出席，大家好像很容易就忘記了她。

丟掉了工作，她的生活一下子失去了重心，她還沒來得及適應，憂鬱就把她擊倒了。她向我哭訴：「我總是在付出，到最後發現根本沒有人在乎。我後悔當初那麼盡心盡力，現在身體也不好，情緒也很糟糕，感覺什麼希望都沒了。」

薩拉就是典型的討好型人格。她為了公司勞心勞力，因此沒有時間有自己的社交生活，甚至忽視了自己的健康。這樣的「濫好人」，往往極度缺乏安全感，低自尊，非常需要外界的肯定和接受，害怕批評和衝突。所以，他們所有的外在行為基本上都是圍繞著「得到讚賞」和「預防衝突」這兩個中心，討好型人格的人通常有以下表現：

第一，容易附和他人的意見。他們害怕不被群體接受，也害怕提出獨立意見會遭到反駁，所以附和他人的意見是最保險的選擇。

第二，不懂得說「不」。在生活、工作中，不懂得拒絕別人的要求，結果就是搞得自己疲憊不堪，總是忙於滿足他人。

第三，缺乏獨立思考。總是傾向於讓別人來決定自己的人生大事，比如讀什麼學校、做什麼工作、嫁給什麼樣的人，等等。

第四，非常需要外界肯定，渴望得到表揚。為他人付出時，內心期待得到「好人」的標籤。

第五，害怕被拒絕，也很容易失望。外界的任何一點點批評，就會讓他們全盤否定和懷疑自己。

討好的代價太高

「濫好人」們總是會猶豫不決，因為誰都不想得罪。他們渴望得到表揚，但是因為內心缺乏自信，又經常會懷疑別人的讚揚是否出自真心，所以需要一再確定。他們沒有獨立的個人目標，容易隨波逐流。他們很難放鬆，需要保持警惕以應對外界的要求和挑剔。當他們的付出被忽視，他們會產生怨恨。

我在長期的心理諮商中，也發覺了「濫好人」們似乎都有一個共同點，就是通常會給別人留下身體虛弱的印象，他們經常抱怨身體有些小問題，可能的原因有兩個，第一個是他們花了太多時間在滿足他人要求上，卻忽略了自己的身體；第二個是只有在生病的時候，才覺得自己應該被安慰、被關注，所以他們的身體總會「出一些小問題」。

「濫好人」的典型行為是出於內心的極度不安全感，而在他們感覺安全的時候，就很有可能將自己的真性情展現出來。在家裡，面對最親近的人時，會把在外面受到的委屈一股腦地釋放出來。所以，一些「濫好人」常常是對外人溫暖如春，對親人卻毫無耐心。

看到別人的問題很容易，看清自己是最難的。每個人生活中或多或少都會做出討好型行為。我們會假裝和大家意見一致——大到公司開會的最終決定，小到中午去哪裡吃飯，雖然有自己的想法，但通常不會表露出來；對別人的情緒問題有責任感，覺得對方不開心是你需要幫助解決的問題；經常會道歉，哪怕完全不是你的錯。

其實，你做的很多事情，都是為了別人，而不是為了自己。很多事情你明明不想做，卻答應得很爽快。你很害怕憤怒這種情緒，如果別人發火，你會覺得渾身不自在。你努力對身邊的每個人都表示友善，雖然內心可能談不上多喜歡。你內心非常希望得到讚賞，小時候是被稱讚乖，大了被稱讚懂事，做出了成績就希望得到表揚。你非常害怕衝突，所以喜歡隱藏自己的真實想法。

停止過度付出的四個方法

心理學家榮格曾經說過：「你沒有覺察到的事情，就會變成你的命運。」一命運兩個字帶有無上的力量，不容置疑、不容改變。很多人都是因為不能覺察自己行為的意義，所以覺得一切遭遇都是命運使然。深深的無力感，便是由此而來。所以，我一再強調自我覺察、自我聆聽的重要性。只有明白自己的「來龍去脈」，才能掌控人生。命運的力量和個人的掙扎，匯成一條屬於自己的生命河流，至於流去哪裡，關鍵看你自己。

覺察到自己身上存在討好型傾向之後，還需要進一步知道原因，才能撕下命運的標籤。每一個討好型的成年人，背後大多都藏了一個必須要討好父母的孩子。從小渴望得到愛的孩子，從來得不到肯定的孩子，家庭環境不穩定的孩子，焦慮的父母，經常爭吵的父母，特別注重成績的父母，特別愛面子的父母，不把孩子的情緒當回事的父母，最終讓孩子變成了害怕被拋棄、害怕被拒絕、害怕失敗的成年人，從來不敢對生活說「不」，無休止地付出，卻永遠得不到感激。個案薩拉就是這樣長大的。

那麼，「濫好人」們如何自救？可以試試這四招。

第一招，明白並牢記自己是有選擇權的，其實根本不需要時刻滿足他人的每一個要求。你可以在任何時候、任何場合說「不」。

第二招，知道自己最重要。學會分析孰輕孰重。

第三招，適當拖延。如果沒有勇氣馬上拒絕對方，可以嘗試說「我想一想再回覆你」。給自己思考的空間，也給對方退後的空間。

第四招，牢牢掌握時間。可以選擇幫助別人，但是控制時間段。比如對別人說「我可以幫你，但只有兩個小時」。這也是設立邊界的一種方法。

可能有人會說，在險惡的職場中生存，為了保住工作，討好型人格也是有用的吧？在這個話題上，我想說「社畜」這個詞的流行，本身就代表了這樣一個資訊：在職場上壓抑自己的情緒是正常的，甚至尊嚴也是可以不要的。但是我覺得這種想法不對。最起碼從心理學上來說，這麼做絕對是得不償失的。職場中最核心的東西是專業，專業是你的安身立命之本，也是邊界。要想不抱怨自己付出太多，要想不那麼累，就要設立好邊界。當然，邊界設立的過程無比艱鉅，因為思維方式和習慣已經跟隨我們很久了。但是，相信我，這麼做值得。

5 Yes or No，隱藏著我們內心的恐懼

我有兩個個案，一個叫Yes小姐，一個叫No小姐。聽名字就知道，這兩個人一個是從來不懂拒絕，一個永遠拒人千里。

Yes小姐是大家公認的好人，每個人拜託她任何小事，都會盡心盡力。無論是工作、友情，還是家庭，她從來都不會讓別人失望。人前風光，背後難免心酸。她對其他人都好，唯獨對自己卻一點也不好。Yes小姐讓所有人都滿意的代價，是心力交瘁和瀕臨崩潰。她來諮商時告訴我：「我想要學會拒絕。」

No小姐則是一位冰山美人，她不苟言笑，對獻殷勤的男性一律說「不」。結果，大部分男士都扛不住嚴寒知難而退了，而她則認為，那位能堅持到底，將冰山融化的人才是她的真命天子。事實上，她也談過幾次戀愛，每次都是男生歷

經九九八十一重考驗之後，得到了她的首肯才開始的。然而，她發現，大部分男生得到了之後就不知珍惜，最後受傷害的人往往是她自己。她來諮商時告訴我：「我想要學會接受。」

這兩個人雖然一個不懂拒絕，一個不懂接受，但她們都有一個共同點，就是無法表達自己的真實情感。我想請你也想一想，上一次你真實地表達自己的內心感受是什麼時候呢？像小孩子那樣想哭就哭、想笑就笑的感受，你還記得嗎？又是從什麼時候開始，你變得口是心非了呢？你到底在害怕什麼呢？

為什麼會口是心非？

這些問題從心理學上來說，都是因為我們害怕被拒絕。人類起源的時候過的是群居生活，我們需要彼此說明才能生存，所以當一個人違反了所在族群的要求，就會被整個族群孤立和拒絕，而被孤立的他（她）會立刻感到強烈的不安全感。安全感是我們賴以維生的本能，在著名心理學家馬斯洛的需求層次理論裡，安全需求是吃喝拉撒之外的最高需求。只有感到安全，我們才能安心成長。可想而知，一個沒有安全感的人，在一個群體裡是多麼舉步維艱。

從更深層次來說，不為群體所接納的人會感覺被拋棄、被羞辱，同時感到絕望、痛苦和孤獨。這種感受的程度可能每個人體驗有所不同，但痛點都是一樣的。這種感受太過強烈，會引發極大的焦慮，所以很少有人能夠堅持和族群抗衡。為了緩解這種感受，大部分人會開始積極改正自己的行為，讓自己和族群的要求保持統一，而忽略自己的獨立意志，希望能夠被族群再次接受，證明「浪子」也能回頭。

就文化背景而言，和更注重個人感受的西方文化相比，華人文化依然保留了很大一部分「族群」性。我們注重家庭、崇尚合群、強調責任，這種家庭、親戚、朋友、工作三百六十度無死角的社會關係，導致我們被拒絕的機會更多，也因此發展出了許多招數來抵抗這種與生俱來的恐懼。

無論是Yes小姐，還是No小姐，她們都在用不同的方式來避免被拒絕。有趣的是，這兩位個案有著非常相似的家庭教育背景。父母對她們從小要求嚴格，教育她們女孩子要懂得付出，要自尊自愛，不能太情緒化，也不能太自私。所以，她們都很聽話，從小就是乖乖女。問題是，這些道理能夠代替她們內心真實的感受嗎？如果道理變成一個死板堅固的框架，不能變通，會帶來什麼問題呢？答案就是會非常害怕犯錯，害怕被父母拒絕，害怕被朋友拒絕，害怕被社會拒絕，索性拒絕自己，遮罩自己的真實感受和需求。

Yes小姐為了不被拒絕，永遠先滿足別人的要求，處處委屈自己。做一個樂於助人的好人，是社會的要求，但是有一個重要前提，就是不能傷害自己。當我們罔顧自己的需要時，內心就會抗議，而抗議的後果就是焦慮、憂鬱、低自尊、委屈和憤怒。更可怕的是，無底線滿足別人會提高別人對我們的期待值，別人的需要會成為一個無底洞，永遠沒有填滿的時候。

而No小姐為了不給別人拒絕她的機會，乾脆先拒絕別人。因為不想被傷害，她變得矜持，哪怕心動也要不動聲色，不敢遵循自己的內心。她把每次交往都當作測試，卻唯獨沒有把自己的感受放在計分表裡。只關注對方的言行舉止，卻忽略了自己的內心感受，到最後發覺對方即使能夠及格也擦不出火花。同時，這種追逐的過程也在不經意間提高了對方的期待值，一旦追到了女神，征服欲得到了滿足，就容易懈怠，這也是No小姐戀愛不順的原因之一。

這兩個案例裡的主人公都非常容易受到外界期待的影響。生而為人，我們天生希望被接受、被愛、被包容、被珍惜。害怕被拒絕，其實是害怕不被接受、不被愛，害怕孤獨，害怕沒有價值。如果我們把自己的價值建立在別人的回饋之上，就會越來越害怕被拒絕。Yes or No，這兩個簡單的選項裡隱藏著內心最大的恐懼。

做回真實的自己

了解到自己內心的恐懼之後，Yes小姐問我：「那我要怎樣才能不在意別人的看法呢？」我回答她：「不可能，也不應該。」完全不在乎別人感受的做法，從心理層面上來說其實也不妥。只是在考慮別人感受的同時，也要學會尊重自己的感受。

在心理學上，情緒被分為四大類：生氣、悲哀、快樂、害怕。這四種情緒可以獨立存在，但大多數時候是並存的。要真實地表達自己，首先要真實地感受自己。我讓Yes小姐嘗試在每一次回答「好」之前，先問問自己這些問題：

- 這件事是我想做的嗎？

·這件事和我的價值觀相符嗎？
·我願意為這件事付出時間和精力嗎？
·這件事能夠讓我有愉悅感或者快樂嗎？
·這件事我必須現在去做嗎？
·當下有比這件事更重要的事嗎？
·我願意和別人分享這件事嗎？

這個辦法對No小姐也一樣適用。捕捉自己真實的感受是一種能力，培養這種能力並不簡單。經歷了漫長的進化過程以後，我們都成了偽裝情緒的天才，還被稱讚是情商高。不過請記住，在心理學上，情商永遠意味著「先感受自己，再感受別人」。

Yes小姐和No小姐通過艱難的內心拷問，終於找到了自己獨立存在的價值，也學會了表達自己真實的感受。幸好，每一天，每件事，我們都有選擇Yes或No的機會。是選擇賦予我們力量。

6 無法抑制的控制欲

你見到過控制欲特別強的人嗎？這種人對自己嚴格，通常對周圍環境和人的要求也很高。他們大多是細節控，總是很緊張，很容易為一點點小事坐立不安或感到憤怒。又或者，你就是那個想掌控一切的人？凡事嚴於律己，也嚴於待人，人際關係也受到影響，所以經常感到焦慮。這時，掌控反而變成失控，讓無力感加劇，對不對？

想掌控一切的人最後面臨的往往是全方位的失控，在心理諮商裡這樣的案例非常多。

有一位叫林然的個案，第一次來做心理諮商。我解釋了保密協議之後，照例首先詢問她來諮商的目的，沒想到她說：「是我媽媽幫我預約的諮商，她已經付了諮商費用，我來是因為反正我也拿不回錢。」好直接的答案。我說：「那妳媽媽為什麼覺得妳有問題呢？」她說：「那是因為她想控制我的一切。只要我沒有按照她的想法去做一件事情，她就覺得我有心理問題。」

林然是獨生女，從小便在她母親的「過度」關注下長大。她從來沒有參加過同學聚會，從來沒有去朋友家做過客，從來沒有參加過課外活動，雖然學校離家很近，但母親每天都堅持接送。上大學後，林然的母親分離焦慮愈來越嚴重，要求林然每天至少給家裡打兩次電話，每次一個小時，不然就會去學校找她，弄得她很尷尬。母親特別擔心林然，總是說，外面太危險，還是家裡最安全。

後來，林然先斬後奏，來英國當交換生，堅持要嘗試獨立生活。母親就覺得她出現了心理問題，幫她越洋預約了心理諮商。這導致林然更想逃離母親的全方位控制。甚至覺得她的一切舉動都是為了控制自己。母女關係降到了冰點。

控制欲從哪兒來？

對周圍環境的控制，是人類最原始的需求之一，在遠古時期就已經存在。

人類能夠在非常惡劣的自然環境中生存下來，就是靠著人定勝天的信念來打造合適的環境，保障自己的安全。我們的付出，會有回饋；我們的努力，會被看見；我們的行為，能帶來改變。這些都是世代相傳的信念，也是控制欲望的源頭。如今，雖然大部分人所處的自然環境已經不再惡劣，但讓我們感到不安全的因素卻越來越多。社會的高速發展帶來的動盪和不規則性，貧富差距的日益懸殊，對成功就是一切的過度宣導，導致越來越多的人相信自己的命運不可控，將一切都歸結於環境。這是一個全球性的現象。

一九五〇年，美國心理學家朱利安．羅特提出了「行為控制力」的概念，至今依然被廣泛應用著。我們的行為控制力和自信之間有密切的聯繫。透過行為控制完成某個目標，能給我們帶來自信和努力沒有白費的滿足感。行為控制力分為內控和外控兩個部分。外控，是相信外在因素能左右我們的一生。這些外在環境因素是某個人、某個機遇或者某種捷徑。內控，是相信自己的力量，能夠面對改變、困難以及挑戰，同時也相信自己應該為自己的幸福、快樂、成就負責。一個人越是有外控的傾向，就越容易產生挫敗感、無力感，越容易焦慮、消沉，更想要控制周遭的環境和人。而內控則和積極、勇於承擔責任、願意嘗試和接受失敗聯繫在一起。

外控傾向的形成是有原因的。除了社會環境影響之外，可能的成因還有內心害怕不確定感，不能容忍失敗，急於證明自己等。如果成長過程中沒有感受到足夠的溫柔和肯定，缺乏穩固的社會關係，或者經歷過巨大失去，以上影響因素還有可能被放大。

後來我才知道，林然母親的第一個孩子因為醫療事故在六個月的時候夭折了，所以她對第二個孩子林然特別在意。在女兒的成長過程中，她想透過全面控制排除一切意外，結果卻造成了母女之間的隔閡。因為隔閡，她變得更想控制女兒，惡性循環就開始了。

控制換不來愛

過強的控制欲可能會影響自己，更多的時候會影響別人。當你察覺到身邊的人控制欲過強、過度挑剔，對你的行為過多干涉，誇大外在的危險讓你不敢向前，貶低你，讓你喪失自信的時候，堅定地說「不」。反之，當發現自己有控制狂傾向時，先別急著「控制」自己的「控制欲望」，要先嘗試找到原因，這樣才能明白怎樣改進。

過度控制和真愛，兩者往往不可兼得。過度控制自己，就沒有辦法真正愛自己；過度控制別人，也得不到別人真心的愛意。愛不是控制，愛是你真正懂得和尊重彼此是一個獨立的個體。無論一位母親多麼愛孩子，她都要接受，有一天他要長大，他要變成一個獨立的人，而母親，只需看著他的背影，遠遠為他祝福。

控制不是愛，有些人總覺得自己是為了對方好，但他們以為的好，或許並不是對方想要的好。試著在這份愛裡放一些縱容，放一些相信，而不是把愛變成嚴刑拷打式的追問和逼迫。我能夠理解，所有懷著深切之愛的人，都希望把自己認為最好的一切給對方，都想不停地付出，都希望對方能夠感知。但這也不是愛，愛不是單方面自我陶醉地付出，愛也不是需要被感知的辛苦。當我們都能適當放手，反而會發現這份愛變得更濃郁了。

永遠記住，我們不可能控制人生裡的一切事物。學會面對各種變化和動盪，才是我們應該努力去做的。

7 妳和母親的關係，決定妳和世界的關係

要講清楚女性心理成長，女性生命中的最重要的關係之一——母女關係，是絕對不能略過的要點。身為女性，妳也許不會成為一位母親，但是妳必定做過女兒。

有一天，我偶然看見電影《春潮》的海報，海報上寫著大大的一行文案：「你和母親的關係，決定你和世界的關係。」電影好不好，我並不知道，但是這句話深得我心。美國女性醫學專家克利斯蒂安·諾斯魯普博士也持有相同的觀念，她在她的暢銷書中寫道：「母女關係是世界上最重要的一種情感紐帶，任何其他關係的成功和失敗，都取決於此。」身為女兒，母親對自己性別的認同、對生活的要求、對身心健康的態度，都會在我們身上烙下深深的烙印。

為什麼我們和母親之間的關係如此重要？因為在全世界大多數文化中，母親都是孩子的主要看護者。這代表著，母親和孩子的接觸最多，照顧孩子的責任也最大。相對其他親子關係來說，母女關係擁有獨特的一面：彼此之間強大的同理心能力。

二〇一六年美國加州大學的實驗表明，因為母親過去的個人體驗，她非常能夠明白女兒成長中可能需要面對的問題。也因為能夠感同身受，所以更容易強行代入自己的情緒，經常會罔顧女兒的獨立性和階段性，強行用自己的經驗來掌控女兒的成長。這種代入感，在母女關係最初建立的時候能夠帶來親密感，但是在女兒獨立的成長過程中，就會變成一種牽制。到底是讓母親滿意，還是找到自己，成了很多母女關係中繞不過去的一個問題。

下面這份簡單的自測題出自美國家庭教育網站，可以用來測試我們和母親的關係的健康程度。

・我的母親總能輕易地讓我感覺內疚。

・我總覺得自己無論做什麼，母親都不會滿意。

・我感覺在母女關係中，我才是那個成年人，需要壓抑自己，更需要照顧母親的情緒。

・我母親會對我私人生活中的一切事情指指點點。

・我經常期望母親可以改變，能夠聆聽我或者欣賞我。

如果這五個問題的答案，基本上都是「否」，那麼恭喜妳，妳的母女關係比較健康；如果妳對以上五個問題的答案，基本上都是「是」，那麼這意味著妳和母親之間的關係並不健康，導致妳和世界的關係也障礙重重。

六種類型的母女關係及其成因

察覺是改變的第一步，這樣我們才可以獲得改變「命運」的最初力量。

根據約翰・鮑比的依附理論，我們人類的終極渴望是被尊重、被愛護、被滋養、被關注，從而獲得安全感。而很多不幸的產生，其實都是因為這些要求在小時候就沒有被滿足。通常來說，糟糕的母女關係是有跡可循的。

下面，我們來看看常見的母女關係的類型。看看能否在裡面找到母親的影子，並找到背後的原因，以及自己付出過的代價和傷痛。

第一種，忽視忽略型。

忽視忽略型的媽媽的注意力不會集中在女兒身上，她們和女兒之間好像永遠隔著一層情感屏障，她們感受不到女兒真實的情感需要。我的一位個案說，她和母親之間的相處讓她感覺自己從來沒有被聆聽過。她的吃穿、愛好、學習，母親早就決定好了，卻從來沒有問過她的意見和感受。母親讓她覺得，她的想法對母親來說根本不重要。得不到關注的女兒，為了得到媽媽的關注，會努力透過成績來「修復」這段關係。她想：如果我能考到全班第一或者出人頭地，她一定會讚賞我、肯定我。但結果並非如此。無論她做得多好，在母親眼裡，她依然是那個漏洞百出的女孩。

在這樣的母女關係中長大的女兒通常會十分好強，非常注重榮譽和成就。她們也會下意識地忽略自己的情感需要，充滿自我懷疑，擁有過低的自我認同。對被愛的極度渴望，也會讓她們在情感中容易失去界限從而過度付出。

第二種，嚴加控制型。

從某種角度來說，嚴加控制型和忽視忽略型媽媽是異曲同工的。同樣是不尊重女兒的獨立成長意識，但是嚴加控制型媽媽會更加嚴格，她們會從一切環節否定女兒的決定，從而導致女兒喪失安全感。這種控制，往往會帶著「我是為妳好」的包裝來保證孩子的順從。孩子一旦不順從，就會內疚和羞愧。

嚴加控制型媽媽的內在邏輯是：「妳還不夠強大，尚沒有能力來為自己的人生負責，為了不走彎路、少受傷害，最好一切事情都由我來幫妳把關。」而這種在媽媽控制下長大的女兒，要麼捨棄自我，讓媽媽安排一切，做一個乖乖女，要麼特別要強，試圖從媽媽手裡奪回自主權，而母女關係也會因此變得糟糕。

第三種，期望代入型。

這種類型的母親通常會將自己未能實現的人生目標轉移到女兒身上。中國女藝人鄭爽曾經在節目裡說過，進入演藝圈是她媽媽的夢想，所以她從小就被送去學習跳舞、表演等技藝。如今，雖然已經成為知名演員，但她並不享受這份工作。如果一輩子活在母親的夢想的陰影下，找到獨立的自我會非常難。哪怕好勝心強的你事業有成，但強加在身上的夢想，終究很難讓你得到快樂。

第四種，暗自競爭型。

我有一個個案，她從小學習芭蕾，在英國鼎鼎有名的皇家芭蕾舞學院學習。在她的印象中，自己從來沒有體會到母親的驕傲，有的只是競爭甚至妒忌。她的母親說：「如果不是因為生了妳，我本來也可以去皇家芭蕾舞學院的，妳的天賦根本沒有我高。」英國劍橋大學心理學家特麗·阿普特在她的著作裡寫道：「競爭型母親對女兒的成就有著複雜的情緒，包括妒忌和憤恨。女兒對她來說，更是一個她自己的競爭對手，甚至是她自己成功路上的阻礙。」

「都是因為妳，我才沒有成為最好的自己。我的失敗，是妳的責任。而妳的成功，不斷提醒我的失落。」這是競爭型媽媽的內心獨白。而這樣的媽媽，是無法為你的成長而感到快樂的。

第五種，不穩定型。

心情好的時候，百般親密；心情不好的時候，百般挑剔。我有一個個案的媽媽就是這樣的。她曾經想要在母親的行為裡找到一些規律，但總是以失敗告終。因為母親的言行舉止、情緒強烈的不確定性，她從小就非常沒有安全感。而她給自己打造安全感的方式，就是好強，不讓任何人看到自己的弱點，也不讓任何人影響自己的情緒。慢慢地，她成了一個「好勝心強」的女人，雖然事業有成，卻絲毫感覺不到快樂和幸福。

第六種，自顧不暇型（角色互換型）。

這種類型的媽媽，通常缺乏感受女兒的能力，因為自己面對生活就已經自顧不暇了。可能是因為夫妻關係，或是因為經濟條件，也可能是因為自己被焦慮、憂鬱、自戀以及邊緣型人格障礙等心理問題困擾，無法承擔起母親的責任。這通常會引起母女之間的角色互換。

我曾經接待過一位個案，她因為憂鬱來接受心理諮商。她的母親酗酒，二十四歲就已經生了四個孩子，父親早就不知去向。身為長女，她很小的時候就扮演起了家長的角色，開始照顧弟弟和妹妹以及經常喝醉酒的母親。做飯的是她，講故事給弟妹聽的也是她，清理母親吐髒的地板的還是她。她連青春期叛逆的機會都不敢有，就怕沒有人照顧家庭。反觀她的母親，任性了一輩子，始終像一個小孩。後來，她靠獎學金讀完大學，有了正式工作，覺得自己可以脫離原生家庭了。然而，她時常感覺憂鬱和懊惱，覺得自己從來沒有童年。

在察覺到母女關係中可能存在的缺陷之後，我們，是的，「我們」就需要承擔起改變的責任。美國著名的心理學家阿爾伯特．艾利斯曾經說過一句我深深贊同的話：「人生最美妙的時候，就是當你終於決定一切問題都是自己的。」妳不再責怪自己的母親，也不再責怪環境，或者領導人。那個時候，妳將明白，命運在妳手中。

母女關係，天然親密，但也存在著天然的陷阱。如果妳擁有和諧的母女關係，請珍惜；如果沒有，也不必太介懷，因為特別難得。每個媽媽都曾是孩子。懷著這樣的同理心去了解媽媽的成長歷程，或許就能原諒不完美的彼此，如果有一天我們決定要變成母親，那份遺憾甚至可以變成良好的動力。成長和改變，可以從妳開始，傳承下去。

8

那些結婚前我希望自己知道的事

在心理學發展的早期階段，很多實驗是不受倫理管控的，當時的心理學發展十分蓬勃，但也非常野蠻。美國心理學家哈利．哈洛的恆河猴實驗就是典型案例。二十世紀五〇年代，哈洛設計了這個影響深遠的實驗。在實驗中，他將新出生的小猴子和母猴分開，製作了兩種「假」的猴子媽媽：一個是用鐵絲網製成的「鐵絲媽媽」，另一個則是覆蓋著軟墊的「絨布媽媽」。這兩個「媽媽」大小相同，內部都裝有能提供熱量的燈泡，但不同的是，「鐵絲媽媽」的胸前裝有一個可以二十四小時提供奶水的裝置，而「絨布媽媽」則沒有。實驗結果顯示，小猴子寧願不要奶水，忍饑挨餓也要留在絨布媽媽身邊，尋求溫暖和柔軟的安撫。這說明，小猴子對愛的渴望甚至超過了對生存的渴求。

在哈洛實驗的基礎上，英國心理學家約翰．鮑比進一步研究了母嬰關係，提出了對現代心理學至關重要的依附理論。依附理論堪稱現代心理學的指路明燈。鮑比提出，我們對愛的依戀和渴望，並不只是在幼時才有，成年之後也依然存在。這種強烈感受會在很多時候讓人堅信，快樂來自得到愛。所以，梁山伯與祝英台、羅密歐與茱麗葉等生死相許的苦戀故事，也可以得到心理學理論的解釋。

你為什麼而戀愛（結婚）？

到了現代社會，要找到我們所憧憬的愛情，變得非常困難。如今，網路讓人與人的聯繫越來越緊密，但人際關係卻越來越疏遠，對愛情的渴望觸及了我們內心最深層次的情感需要，所以對愛情的期待越來越高。我們渴望的愛情，要同時滿足情感和身體的需要，要能獲得心靈和物質的雙重安全感，要可以使自己變得更好，要讓我們得到認同和同理心……此類期待，無法一一列舉完全。

不僅如此，由於社交媒體高速發展，每個人的選擇也更多了。在找到愛人之後，我們還會思考：下一個會不會更好？什麼時候才能遇到天造地設的那個人？

雙方想要在同一段關係中滿足各自多方面的需求，簡直就是不可能完成的任務。

如果帶著這麼多期望走入婚姻，那註定會對婚姻失望。因為，婚姻制度最早產生時並不是以愛情為中心，而是以利益為中心的。無須回溯那麼遠，僅僅幾十年前，對父母那輩人的婚姻來說，感情也不是最重要的因素。父母之命，媒妁之言，門當戶對，這幾項重要條件裡面並不包括兩情相悅。婚姻是一個互利的社會制度。至於愛情，得之你幸，不得你命，反正都要結婚和繁衍，你沒有選擇。

愛情逐漸變成婚姻的中心，不過是近幾十年的現象。隨著社會發展，生存不再成問題了，我們便開始探索內心。個人權益的被尊重，女性權益的被重視，多元化生活方式的被推崇，讓我們越來越敢活出自己。因為有了選擇，我們要求更多。從最早的溫飽到最後的自我實現，婚姻的進化和自我的進化是同步的。即便如此，婚姻的社會性並沒有減少。婚姻在很多文化裡依然是兩個家庭的結合、朋友圈的融合。一場婚姻要滿足太多的需求，是先滿足自己，還是先滿足群體呢？在互相矛盾的需求中，哪一個先、哪一個後，都會導致婚姻狀況百出。

有一對結婚十幾年的伴侶因為小爭執不斷來我這裡接受伴侶共同諮商。兩個人其實都沒有什麼大缺點，就是起初一些惱人的小毛病，因為沒有了激情的緩衝和孩子的制約，慢慢變成了不可容忍的大缺點。他們彼此關懷，但是又不再能夠一起生活了，接下來的人生，並不想不快樂地繼續過下去。在心理諮商裡，他們接受了這個事實，然後釋然，並且和平分手了。不是夫妻，還是家人，仍是孩子的父母，離婚不一定都是糟糕的。

愛情和婚姻，可以由每一代人自己去定義。一生只愛一個人，對於現代人的感情生活來說，可能已經不再適用了。如果你對愛情和婚姻存有疑惑，不妨思考一下：我希望伴侶有什麼樣的特質，這種特質對我來說為什麼重要？為了一段感情，我願意付出什麼樣的代價？每個人都可以自己決定對愛情和婚姻的重視程度。如果想要一段關係保持新鮮，那麼雙方需要共同努力和妥協。在愛情和婚姻中，保持一種成長的狀態很重要，這是能夠攜手到老的重要因素。我自己也在努力嘗試接受新智慧和新知識，不斷成長。

愛情和婚姻，都會在歲月淬煉中綻放光芒。哪怕最後結果不盡如人意，也終究是寶貴的人生體驗。人生有選擇，總是好事情，但是怎麼選，需要細細思量。

結婚前要考慮的五個重要問題

做為一名心理諮商師，我見過太多感情破裂和婚姻失敗的家庭。與其在婚後艱難磨合，不如在婚前多些思考。而比利時著名的婚姻諮商師艾瑟・佩萊爾也總結了五個注意點，幫助大家在走進婚姻之前看清楚自己和伴侶。

第一個注意點：他身上的什麼品質，是你現在喜歡，但五年之後有可能變成隱患的？

我們在步入婚姻時都希望能夠和伴侶攜手終生。因此，我們有必要仔細思考對方的品質是否具有穩定性。當熱戀的玫瑰濾鏡被時間打磨掉之後，當初最愛的，也許就是你將來最討厭的。比如，對方很有激情。剛開始相處的時候，激情可能會讓你很著迷，但是時間一長，就會變成不夠理智、不夠細心。

在這裡，我想提一下如何在婚前識別對方是否有暴力或者冷暴力的傾向。

在日常工作中，我見過很多遭受家庭暴力或者冷暴力的女性，其中不乏一些受過高等教育的職業女性。而很多女性在受到家暴之前也是覺得這種事情絕對不會發生在自己身上。如果對方在交往過程中表現得很在乎妳，很願意放低姿態，很有控制欲望，用「我是為了妳好才管妳」之類的態度和詞彙，甚至是為了得到妳的傾心自殘自傷，那很可能在結婚後，他會傷害的那個人就是妳。一個心理健全的人，在任何一段關係裡，都會尊重、保護自己。女性更有同理心能力，我們能夠體會對方的痛苦，但是千萬不要覺得自己可以治癒對方的痛苦，懷著被對方激發的憐愛，想要救治對方，過高估量自己的能力。女性因此而走入戀愛和婚姻，最後被反噬的情況真的很常見。

第二個注意點：他面對壓力時的表現如何？讓自己快樂的能力如何？

這一點從心理學的角度來講，遠遠要比對方的賺錢能力重要得多。面對挫折時，他是理智看待問題，然後著手解決問題，還是怨天尤人，對你發脾氣？面對繁忙的工作，他是不勝壓力，還是依然可以找到工作之外的樂趣？他有沒有幽默感和調節情緒的能力？這些，才是一個人和生活搏鬥的法寶。

生活向來不易，結婚之後，壓力必定會越來越大。所以，快樂的能力就顯得尤為關鍵。也許金錢可以買到舒適和便捷，但是一個不快樂的人躺在金山上也是不會快樂的。我工作的診所是倫敦最昂貴的私人診所，我見過太多大富大貴的人被內心折磨得痛不欲生。有能力享受內心的舒適與安寧，是非常寶貴的品質。

第三個注意點：雙方對婚姻意義的看法一致嗎？

你的婚姻的意義，必須由你們雙方來定義。如果彼此都覺得是因為「外界的要求」而結合，那麼在婚姻裡要求得到情感的滿足就不太現實。因為，一開始這就不是目標。如果一方抱著找到真愛的動機，而另一方只要求對付著過日子，那肯定也會產生矛盾。

一場婚姻，不可能滿足你的一切需要，自己內心知道主次，知道自己選擇的原因，才能去尋找你所希望的婚姻。所謂的「嫁個好人家」，關鍵在於你知道你想在婚姻裡得到什麼，然後就此和對方達成一致，這樣雙方才有動力共同走下去。

艾瑟．佩萊爾還說過：「人生的品質和親密關係的品質息息相關，而親密關係能反映出你待人接物的態度、你的同理心能力、你的寬容程度。」

第四個注意點：充分了解雙方家庭之間的價值觀分歧。

婚姻本身就帶有強烈的社會屬性，古代兩個王室子女之間的婚姻，意味著兩個國家的結盟。在現代，這種婚姻的內在價值並沒有消亡，兩個年輕男女結為夫妻的社會意義，是其背後兩個家庭甚至是家族的合體。只有很少一部分人可以做到堅守邊界，兩個家庭互不干涉。大部分人還是會和原生家庭保持非常緊密的聯繫，特別是有了下一代之後。這種兩個原生家庭的融合是否順利，會極大影響婚姻的品質。這一點，是需要我們在結婚之前就去思考，並且和伴侶互相討論的。

如果父母對你們的伴侶不滿意，你們覺得彼此可以堅守小家庭的邊界嗎？還是會被影響，慢慢變成心頭刺？彼此都認同雙方父母培養下一代的方法嗎？如果不，有辦法解決和妥協嗎？彼此能夠清晰認識到自己原生家庭的不足，然後共同努力去打造屬於自己的「新原生家庭」嗎？

在婚姻的路上，每一個成年人都應該認真審視自己和伴侶，以及今後人生中的一切衝突和困境，這才是對婚姻最負責的態度。

第五個注意點：當你們雙方發生衝突時，他的態度如何？

所謂夫妻，就是在不斷解決問題的過程中試錯前行的伴侶。有衝突不要緊，但面對衝突，他是會跟你大吵大鬧，必須爭個你錯我對？還是悶聲不響拒絕溝通，用冷暴力回應你的一腔義憤填膺？又或者還是會換位思考，耐心解決問題，甚至主動溝通？他處理你們衝突時的表現方式，很大程度上決定了你們在婚姻中是否會相處得愉悅。

好的婚姻是有溝通的，出現問題的時候，雙方都需要有共同的認知，打開溝通的通道，努力讓理性戰勝情緒，然後，總有一個人需要張開雙臂，用敞開的胸膛去包攬一切的不愉快，即使偶有摩擦，也能夠總是帶著溫暖前行。當然，還有一些問題需要引起你的關注。比如，雙方對金錢的態度是不是一致，生活細節上能不能互相容忍，對顏值是否有長期要求。如果對方是因為美貌而愛上你，以後就有可能因為你不夠美了而離開你。當然，要想擁有和諧美好的婚姻，少數幾個注意點肯定不夠。如果一定要說祕訣，那就是保持獨立，特別是思想上的獨立。「每個人都需要屬於自己的祕密花園。」——艾瑟・佩萊爾如此說。尊重彼此，時常換位思考，培養共同興趣，珍惜當下的快樂，守住自己的底線等，這些在任何關係中都適用的祕訣，在婚姻裡也一樣適用。

尼采曾經說過：「不快樂的婚姻並不是缺乏愛，而是缺乏友誼。」如果把生活看成戰役，婚姻裡的伴侶最好是個好戰友。既然要一起「出生入死」，那麼，看清楚自己，看清楚對方，知己知彼，方才能度過重重難關，白頭偕老。

9 當女人成爲母親

我永遠都無法忘記成為母親那一刻的心情。一開始是喜悅，隨之而來的是忐忑和害怕。無論前期做了多少準備，無論年齡多大，當孩子誕生時，我們大多還是會措手不及。不僅如此，很多時候我們缺乏相應的心理建設，也很難讓身邊人理解這種巨大的轉變。

女性不是天生就會做母親

心理診所來了一位新手媽媽，進了診間就非常自責，她焦慮地說：「我不應該花時間來搞心理諮商。這一個小時的時間，萬一他醒了看不見我就哭怎麼辦？

我丈夫一定會手忙腳亂的。」我試著安撫她：「既來之，則安之。妳都已經在這裡了，不如告訴我妳來這裡的原因吧。」

原來，從孩子一出生，她就睡不著覺，整夜整夜地失眠，至今已經半年了。剛開始她想：新生兒睡眠不穩定，過一陣子睡眠好了，我就不用那麼焦慮了。但是，現在孩子能夠睡整覺了，她還是睡不著，一入夜就開始焦慮，特別害怕上床。因為處於哺乳期，她不敢吃藥。她每天都非常焦慮，頭髮大把大把地掉。她特別擔心照顧不好孩子，害怕一不留神孩子從床上掉下來，害怕自己無法在前三個月和孩子建立起親密的母子關係。

她問我：「尹博士，妳告訴我，是不是心理學的理論說前三個月對建立親子關係來說特別重要？我一定是一個糟糕透頂的媽媽，他長大以後會恨我的。」說到這裡，她開始號啕大哭。情緒緩和了一點後，她繼續說：「我是一個特別糟糕的媽媽，因為睡不著的時候就會特別懷念沒有生孩子時的生活。我雖然全心全意地愛著孩子，可是真的希望有人能夠在生孩子之前就告訴我，這一切太難了。從懷孕開始，我的身體就不是自己的了。生產的過程有多痛苦，妳肯定能想像。好不容易孩子生出來，發現母乳餵養更疼。我得了乳腺炎，發高燒的時候還在擠奶，因為醫生一再強調母乳是最好的。說實話，身體的痛苦我還可以接受，但是帶孩子更可怕。一個軟軟的肉團，剛開始我都不敢抱他。孩子哭了，我也不知道為什麼，只能用排除法一項項測試。是要換尿布了，還是肚子餓了，我全都靠猜。丈夫休完陪產假後就回去上班了，只剩下我和孩子。我眼睛一分鐘都不敢離開他，只有他午睡的一點點時間是完全屬於我的。但是，看著洗衣機裡的一大堆布滿嬰兒嘔吐物的髒衣服，我就想哭，可是又擔心吵醒孩子，只能關上廁所門小聲啜泣，一邊哭一邊還要聽著嬰兒監聽器，萬一孩子醒了，我要趕緊衝出去照顧他。說實話，我很後悔生孩子。妳是專業人士，你一定也認為我是一個壞媽媽，對吧？」

我說：「就因為妳害怕、擔心和有時候會後悔嗎？那只能說明妳是一個正常的媽媽啊！」

她說：「不可能，我看別的媽媽好像都很輕鬆，只有我才會因為孩子整個人都亂了套。」

在女性所有的社會角色裡，母親角色可能是最被重視的一個。但是，我們真的天生就會做母親嗎？如果大家都覺得做母親是「天性」，那麼就基本上切斷了新手母親求助的出路：如果做得好，是分內的事情；如果做不好，則是妳的問題。所謂的華人社會很常見的喪偶式育兒，其實也是「女性天生就應該知道怎麼做媽媽」這個思想在作祟。「妳一個女人，怎麼連孩子也帶不好？」這句話是不是很熟悉？

從孩子落地的那一刻開始，我們的生活就產生了天翻地覆的變化，從身體上到心理上。種種問題會在孩子成長過程中源源不斷地冒出來考驗我們。上班還可以下班，但母親這個身分是永遠脫不掉的。應付如此巨大的改變，肯定勞心勞力，如果還被默認為是「理所當然」就應該能夠做到的，從而缺乏足夠的支持和理解，新手媽媽們情緒找不到出口，就容易產生各種各樣的問題。

我們是媽媽，也是自己

因為懷孕和體內荷爾蒙的急劇變化，加上突然的身分轉變，很多母親在生育之後都會經歷「急性憂鬱症」。生完寶寶會讓我們情緒波動很大，容易哭泣、不是很想親近孩子、產生睡眠障礙等等。這些過程很多女性都會經歷，這樣的「突發性」情緒波動大概會持續一個星期。而其中會有一部分女性的狀態得不到好轉，就有可能進一步演化為產後憂鬱症。

產後憂鬱症在生育後的一年內都有可能病發，如果不盡早治療，可以持續十幾年，貫穿孩子的成長期。在懷孕之前就有情緒問題，或者有經期綜合症的婦女，以及家庭和婚姻相對不穩定的婦女，都是產後憂鬱症的好發人群。如果在生育第一個孩子的時候曾經得過產後憂鬱症，那麼再次生育之後患上的概率會高七〇%。

產後憂鬱症的主要症狀有：喪失希望和樂趣，基本上每天情緒都很低落、非常焦慮，整天擔心自己會傷害孩子、對孩子置之不理，或對自己置之不理，但卻全身心投入對孩子的照顧、無法集中精神、疲憊，特別困，但是經常睡不著、食欲不振。

心理學專家普遍認為，產後憂鬱症的病因和基因、荷爾蒙的轉變以及當下的生活環境有關。新手母親在很短的時間內承受巨大的壓力，而身邊所有人的注意力卻都集中在孩子身上，這一定會導致情緒低落。如果再缺乏家庭成員的理解和支持，憂鬱情緒就會被放大。孩子的成長需要全家人的努力，而不應該將重擔完全放在母親肩上。

「喪偶式育兒」這個概念相信大家都不陌生，這種「單槍匹馬」養育孩子的狀態，會造成母親壓力過大，難以擁有屬於自己的時間，催生埋怨情緒，最後這些情緒又會被「回收」到整個家庭關係中去，對夫妻關係、親子關係來說，都是隱藏的地雷。婚姻可以解體，但養育責任依然是共同的。可惜在現實生活中，責任往往是由母親承擔的。

產後憂鬱症通常透過藥物、心理諮商和運動三管齊下的方式來治療。對於新手母親來說，了解產後憂鬱症的基本知識對治療很有幫助。上面這位個案聽了我的解釋以後，症狀舒緩了很多，學會了降低對自己的期待值，也懂得了尋求幫助的重要性。

換一個角度，看看產後憂鬱症對孩子可能會產生的影響吧。我有一位男性個案，母親生下他不聲不響地就回了娘家，直到半年以後才回來。在他印象中，母親永遠是冷淡的、疏離的、暴躁的，對他的成長沒有絲毫興趣。母子關係的缺失導致他在自己的情感生活裡也特別冷漠，不懂得表達感情，甚至傷害別人也不自知。他從來沒有被母親擁抱過，所以也不懂得擁抱他人。直到四十年後，他自己也有了下一代，抱著新生兒的時候，他的母親哽咽著對他道歉，說她當年患有嚴重的產後憂鬱症，因為害怕自己會傷害他才離開家的，也是因為這樣，才從來不敢去抱他。

女性生產付出的生理、心理代價，育兒付出的時間和精力，孩子對母親自我身分的「吞沒」，職場對母親的不友好，全職媽媽較低的社會地位……在這些問題一直沒有得到更好解決的情況下，一味要求女性出於「偉大的母愛」來犧牲、付出、忍耐、承擔，那麼「母親」這個身分帶來的內耗就會越來越大，而最終受到傷害的，是母親和孩子雙方。母親情緒的穩定和孩子的健康成長息息相關。保障母親的情緒穩定需要得到全社會的支援。

從我們決定要做母親那一刻開始，請隨時提醒自己要關懷自己。新生命之所以美好，是因為生命得到延續，而不應該是我們的人生去「換」他們的人生。只有那些有著穩定自我的媽媽，才可能成為孩子生命中的燈塔，照亮他（她）的前路。是媽媽，也是自己，才能讓愛流淌和延續。

10 如果有人問你「如何平衡事業與家庭？」

近年來，越來越多女性在職場嶄露鋒芒，過去由男性壟斷的要職上也出現了不少女性的身影。這是非常振奮人心的，但新的問題也隨之出現了。女人組建了家庭以後，尤其是有了孩子以後，就會陷入家庭與事業平衡的難題之中。一個男人只需要做到事業成功，便是人生贏家。而一個女人，哪怕事業再輝煌，只要家庭不幸福（或者沒有成家），在他人眼裡就是不幸的、失敗的。

社會要求女人在家庭和事業中做出取捨。為此，中國演員馬伊琍就曾經在社群網路上吐槽：「每次採訪必被問：『做為一名女演員和兩個孩子的媽媽，妳如何平衡好事業和家庭？』特別想知道，這個問題是專為女人們設計的嗎？下次也請問問男演員們，好想知道他們的答案是什麼。」

如果說擁有令人稱羨的事業是耀眼的鑽石，那麼家庭事業雙贏就是鑲有鑽石的皇冠。但在追逐皇冠之前，我們可以想一想，家庭事業雙豐收需要我們付出什麼代價？這種皇冠的存在合理嗎？這是我們作為女性需要思考的問題，因為皇冠的沉重最終要由我們自己來承受。

事業與家庭之間存在平衡嗎？

蘇欣第一次來見我的時候，剛懷上第二胎，妊娠反應很大，頻繁乾嘔，也沒什麼胃口。家裡還有一個三歲多的女兒需要照顧。為了充分利用產假，第一次生產後緊接著又懷了第二胎，但是在懷孕七個月的時候流產了。這對她的身心造成了極大的傷害。如今，好不容易又懷上了，她非常緊張焦慮，總是擔心悲劇重演。但是，在這個時候，最讓她焦慮的問題是：擔心自己懷孕影響年底的升遷。她在一家歐洲投資銀行工作，每年的升職有著嚴格的規定，從高級經理到總監的職位升級競爭最為激烈。如果她錯過這一次升遷機會，下一年就更難了。所以，哪怕自己懷孕面臨巨大的身心壓力，她也要保證工作不受影響，確保「不落下話柄」。為了升職，她真的拚了。懷孕時，經常要做產檢，她就一邊做檢查一邊開電話會議。在臨盆之前的幾個星期，蘇欣挺著大肚子慢慢挪進診所，對我說：「我終於做完升遷提案了！妳看，這段時間我都沒時間健身，胖得要死。不過不要緊，我已經預約了產後瑜伽教練，生完孩子就開始運動……」

我看著懷孕八個多月的她說：「等等，妳能不能先深呼吸一下，然後慢慢說？」她也笑了，說：「我知道，我要的太多了。我想要今年內升職，想要二寶健康出生，想要大寶快樂成長，想要身材完美，想要家庭美滿，我還不想要焦慮。我就是想要一切，為什麼不可以呢？」

我們真的可以達成家庭和事業的平衡嗎？其實，這個問題美國國際法學會會長安妮・瑪麗・斯勞特在二〇一二年就問過。做為華盛頓政治圈為數不多的女性，她曾經在一次採訪的時候承認，因為忙於工作，和正處於青春期的兒子之間的關係每況愈下，家庭的需要和職業的發展逐漸對立的狀況，讓她充滿自責、自我懷疑和焦慮。於是她開始思考，是不是只有她不能平衡家庭和事業？或者，社會對女性「家庭事業平衡」的要求是一個偽命題？

職業生涯開始的時候，斯勞特也曾經問過其他職業女性實現家庭事業平衡的祕訣。別人都告訴她：如果她足夠努力，如果她的家庭足夠支持她，如果她能妥善管理自己的時間，要做到平衡並不難。如果做不到，就是她做得還不夠好。這個答案導致她很長時間裡很有挫敗感。經過了長時間的實踐和思考，她寫了一本書《我們為什麼不能擁有一切》，說出了她自己的感受——對她來說，所謂的家庭事業平衡並不存在。她希望透過分享，讓大家也來更多地思考這個問題，而不是被「平衡」困住，導致焦慮、自責和內疚。

生活就像蹺蹺板，需要時刻調整重心

從心理學上來講，任何只談論結果不考慮代價的行為都是「耍流氓」。家庭和事業之間的平衡也是這樣。當我們再三強調「家庭事業平衡」的時候，對女性的期待值也就越來越高。網上流行著新世紀女性的標準：上得了廳堂，下得了廚房，寫得了代碼，查得出異常，開得起好車，買得起新房，打得過流氓……

如果我們都練就了一身好本事，自己都活成了一支隊伍，那麼應該問一下自己：為什麼？可能原因就在於，我們太糾結於如何實現家庭事業平衡，而忘記了分享和求助，可能也忘記了給身邊的女性更多支持、更多同理心和理解。

關於家庭事業平衡之難，我自己有切身體會。讀博士班第一年的時候，孩子剛剛出生，懷孕期間增長的二十公斤體重怎麼也掉不下去。學業、家庭、自我都感覺措手不及，也有心無力。有一天，我看到一則新聞，英國女王授予英國投資管理協會主席海倫娜．莫里西女爵士頭銜。這位女爵士，不僅是英國最成功的首席執行官之一，管理著四千億資產，同時還是九個孩子的媽媽，在繁忙的工作中，還能做到每天陪孩子吃早餐和晚餐。當時已經很崩潰的我，差點絕望了。人家有九個孩子還可以被冊封爵士，我有什麼藉口連論文選題都通不過啊？當時，差點就想放棄博士學業，幸好，當時的朋友和同學都沒有放棄我，一直在鼓勵我：「妳已經做得很好了，願意去挑戰，已經是贏了。」哪怕如此，我也花了很長時間才從那種自我懷疑和否定的情緒中走出來。

過了很久之後，我再次看到海倫娜．莫里西女爵士的採訪。她在採訪裡說，家庭和事業，雖然工種不同，但性質一樣，都是工作。她的工作非常忙碌，每天只睡五個小時，而丈夫全職在家，負責照顧孩子，確保家庭有條不紊地運轉——當然，她還有司機和管家幫忙。她記不住每個孩子的生日，也錯過了很多孩子成長的關鍵時刻，回顧過去時她說，她不覺得自己做到了平衡。

那個時候，我就下定決心，一定要對自己、對他人盡量真實。如果有一天有人問我是怎麼做到「家庭事業平衡」的？我一定會老實回答：「並沒有。過去沒有，現在也沒有。」職場如戰場，家庭也是。每天被各種煩惱包圍的我們，其實都是女戰士。而上場打仗的時候，需要戴上「家庭事業平衡」這個皇冠嗎？這個問題，妳要自己來回答。我年輕時，偏愛姿態好看，覺得不但要做好，還要看上去好似不費吹灰之力。但現在我明白了，如果要和生活搏鬥，赤手空拳都來不及，實在顧不上姿態好不好看了。當然，生活中總有歲月靜好的時刻，但是要知道，為了那個時刻，我們付出了多少。對了，那個懷孕八個多月還在擔心升職的蘇欣，在幾個月後傳來一張她抱著新生兒的照片，說：「我愛當下。」

無論是對於男性還是女性來說，其實都不存在簡單的人生，所以我們也不要簡化。相比平衡來說，生活更像一個蹺蹺板，這個重心要自己時刻去調整。而支撐這個巨大的蹺蹺板的，是對自己的在乎和關懷。在談論家庭、工作、自我之間的關係時，可以嘗試少一點輕而易舉，少一點理所當然，多談論一下掙扎，多談論一下選擇。最有力量的，永遠是真實。

11 死亡教會我們的事

在所有的悲傷中，親人逝去的哀痛是最無處可逃的。這個話題和我執業生涯中唯一一次被個案投訴有關。我至今對那位個案還記憶猶新。

貝蒂坐在我面前，四十多歲的樣子，狀態很差，臉上沒有一絲生氣。她一進入診間就開始大哭。她的母親上個月去世了。這段時間，她幾乎沒怎麼吃東西，也沒有洗澡，連她年事已高的父親也顧不上了。她只想隨母親而去，但是她還要贍養父親。這是她第一次來諮商，她希望有一個人能夠明白她現在所受的痛苦。我試圖在諮商中讓她深呼吸，讓她慢慢敘述內心的感受。但是她沉浸在自己的悲傷裡，一直在痛哭。

她告訴我，母親就是她的一切。她一直和母親住在一起，沒有結婚。和母親的關係無比親密，做任何事情都是一起。就連上班的時候，她都會打十幾通電話給在家的母親。母親生病以後，也是她送去醫院陪同檢查、貼身照顧。如此親密無間的關係，讓她在失去母親後完全失去了自己，再也找不到生活的意義。

第一次諮商，諮商師必須要了解整件事情的來龍去脈，才能找到情緒切入點，進行下一步諮商。我向貝蒂解釋了保密協議，並介紹了心理諮商的工作方式。我告訴她：「我真的可以看見錐心的痛苦，這種痛苦已經將妳的人生重重包圍。我希望能在以後的諮商裡，把痛苦打開一個小破口，讓妳的內心可以暢快呼吸。我們愛的人走了，但是他們給我們的愛依然留存，所以妳也要加倍愛自己。」

第一次諮商結束的時候，她向我道謝，並預約了下一次諮商的時間。然而，一個星期後，她沒有出現；兩個星期後，我接到了貝蒂寄給診所的投訴信，投訴我在整個諮商過程中，什麼都沒有做，只是看著她哭。

碰到這種情況，我也很無奈，只能把心理諮商紀錄全部抄錄下來，交給內部的調查員。說明一下，心理諮商的保密協議是雙方都要遵守的。如果病人提到了治療細節，那麼心理諮商師也需要將心理諮商過程完整地陳述出來。這時我才知道，之前她已經在診所的另外一位心理諮商師那裡進行了一次心理諮商，也投訴了那位心理諮商師，原因是對方對她的傷痛不夠同理心。在找我做心理諮商之後，她又約見了診所其他的諮商師，不出意外也是一次諮商之後就投訴，原因是心理諮商師提了太多問題，讓她受到的刺激變得更嚴重了。她對整個診所的工作人員都非常憤怒。

哀悼背後的複雜情緒

像貝蒂這種極度憤怒、指責身邊人的表現，在失去親人的人群中是很常見的。心理學家伊莉莎白・庫伯勒・羅斯在一九六九年的研究中，將哀悼分成了五個階段：否定、憤怒、討價還價、憂鬱和接受。這五個階段並不是循序漸進的，很多人會在失去親人很長一段時間內感到憤怒和憂鬱。就像我的個案一樣，她不願意接受母親已經去世的事實，所以感到憤怒，然後將這種憤怒發洩在了那些想要幫助她、可以看見她的痛苦的諮商師身上。

在伊莉莎白・庫伯勒・羅斯的研究基礎上，美國聖地牙哥大學教授西德尼・

齊索克進一步將哀悼細分為四個部分。

第一部分：分離焦慮，症狀有憂傷、焦慮、痛苦、無力感、憤怒、羞愧、孤單、思念。

第二部分：創傷焦慮，症狀有不敢相信，震驚，伴有侵入性思維，情緒紊亂。

第三部分：後悔、內疚、悔恨。

第四部分：孤立自己。變得憂鬱，睡眠和飲食受到極大影響。

死亡是每個人都繞不過去的事，但如何面對死亡的問題，卻一直沒有受到重視，也許是因為大家都害怕死亡吧。當親人逝去，我們會感到悲傷，這是最正常不過的事情。但是有時候，哀思會變成徹骨的疼痛，把我們打趴在地。這種深深的哀悼，包含著非常複雜的情緒，悲哀、失落、憤怒、內疚、悔恨，以及入骨的思念。不知所措，生活失去了意義，人生沒有了目標，哀悼就像龍捲風一樣，掃蕩一切。

哀悼對每個人的影響都不一樣。有些人會開始自我安慰：「還好他走得很快，沒有受多大的罪。」有些人會自責：「當初我要是早一點察覺就好了。」哀悼通常還伴有一定的倖存者負罪感：「應該死的那個人是我，而不是他。」這種痛苦會激發出每個人不同的反應，有些人願意去討論和分析這些感悟，有些人則會像齊索克教授說的那樣，選擇把自己孤立起來，自己去面對。

如何幫助自己和他人走出悲痛？

為失去親人而痛苦的人真的無處可逃，因為生活裡的每一個細節都會提醒他們已經失去了親人。但是，即使痛徹心扉，還是有一些辦法，可以讓自己的心靈得到安撫，幫助我們療癒自己。

每一天都沉浸在哭泣和思念裡，告訴自己人生從此就沒有意義了，為命運不公平而憤怒，不吃不喝不睡覺，這在心理學上叫作失控型哀悼；願意接受死亡已經發生，明白自己要重新適應生活，設立新的生活軌跡，重新和家人、朋友建立更深層次的關係，這在心理學上叫作重建型哀悼。這兩種方式會隨著時間的推移互相轉換，也可以是自己主動思考然後努力轉換的。

哈佛醫學院的心理學教授Ｊ．Ｗ．沃爾登進一步將走出哀悼具體化。在他看來，失去親人的人，如果想要從無窮無盡的哀悼中走出來，需要完成四個步驟：接受現實中的失去；去理解痛苦和憤怒；去關注、改變自己的獨立生活；同時保有和逝去親人之間珍貴的情感聯繫。過去對哀悼的研究表明，哀悼雖然極度痛苦，但是直接面對哀悼可以帶來成長，幫助我們重新審視生活的意義，然後帶來更長遠和積極的改變。悲痛襲來時，可能覺得根本無法反應，這種時候，希望這些方法可以幫助你。

第一，保持身體健康。我會建議在身邊親人和朋友的幫助下，盡量保證最基本的生活規律。

第二，理解失去，賦予失去意義。生命的輪迴，都有意義，找到意義，才能真正放下傷痛。

第三，紀念逝去，可以用任何形式，例如畫畫、寫作等等。

第四，死亡過於沉重，所以更需要讓自己的生活有空間。落下的太陽也會升起，你要自己去感受那溫暖的一線陽光。

第五，不要催促自己，不設立時間限制。面對哀悼，每個人都有自己獨特的旅程。

如果我們身邊的人正在經歷這樣的哀悼，而我們也想幫助他，應該怎麼做呢？最能夠幫助別人的事情，是主動表達關心，適當探望，並且盡可能幫助他實現生活作息規律。不要公式化地告訴他「你應該堅強」，雖然我知道那是出於好心。在失去親人時，同理心的意義尤其重大。

因為摯愛，所以痛苦，也因為摯愛，不會忘記。當痛苦慢慢被時間的浪濤衝擊淡化後，留下的都是愛和思念，像一把火炬，照亮我們的內心。

Eurasian Publishing Group
圓神出版事業機構
用心與你對話．視野無限寬廣

圓神出版社
Eurasian Press

www.booklife.com.tw　reader@mail.eurasian.com.tw

勵志書系 147

焦慮是你的隱性天賦

倫敦大學心理諮商博士帶你看清負面情緒的強大力量

作　　者／尹依依
發 行 人／簡志忠
出 版 者／圓神出版社有限公司
地　　址／臺北市南京東路四段50號6樓之1
電　　話／（02）2579-6600・2579-8800・2570-3939
傳　　真／（02）2579-0338・2577-3220・2570-3636
總 編 輯／陳秋月
主　　編／賴真真
責任編輯／歐玟秀
校　　對／歐玟秀・吳靜怡
美術編輯／蔡惠如
行銷企畫／陳禹伶・林雅雯
印務統籌／劉鳳剛・高榮祥
監　　印／高榮祥
排　　版／莊寶鈴
經 銷 商／叩應股份有限公司
郵撥帳號／ 18707239
法律顧問／圓神出版事業機構法律顧問　蕭雄淋律師
印　　刷／祥峰印刷廠
2021年10月　初版
2022年2月　3刷
中文繁體版通過成都天鳶文化傳播有限公司代理，由果麥文化傳媒股份有限公司授予圓神出版社獨家出版發行，非經書面同意，不得以任何形式複製轉載。

定價 300 元　ISBN 978-986-133-787-6　版權所有・翻印必究

◎本書如有缺頁、破損、裝訂錯誤，請寄回本公司調換　Printed in Taiwan

我們所有的經歷和體驗、對世界的感受，全部都藏在情緒密碼裡。只有自己才能賦予情緒獨特的意義。要珍惜這朵世界上唯一的花，用耐心和細心來灌溉和呵護，它才會綻放出屬於你的光芒，照亮前行的路。

——《焦慮是你的隱性天賦》

◆ **很喜歡這本書，很想要分享**

圓神書活網線上提供團購優惠，
或洽讀者服務部 02-2579-6600。

◆ **美好生活的提案家，期待為您服務**

圓神書活網 www.Booklife.com.tw
非會員歡迎體驗優惠，會員獨享累計福利！

國家圖書館出版品預行編目資料

焦慮是你的隱性天賦：倫敦大學心理諮商博士帶你看清負面情緒的強大力量／尹依依著；-- 初版 -- 臺北市：圓神，2021.10
240 面；14.8×20.8公分 --（勵志書系；147）
譯自：焦虑是一种能量
ISBN 978-986-133-787-6（平裝）
1. 焦慮 2. 情緒 3. 心理諮商
176.527 110013640